这是你的——

自我和解之路

是你享受独处

做自己之路

是你举杯邀落日

共醉之路

这条路，
山花不绝，烂漫不止，
你准备好了吗？

人生不过三万天

LOVE MYSELF
30000 TIMES

茶茶 著

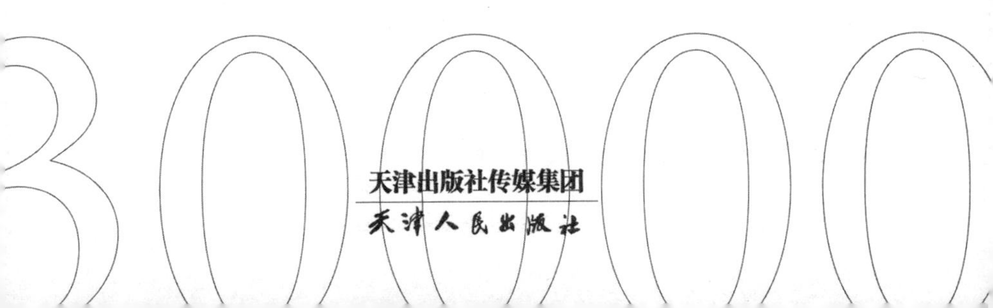

天津出版社传媒集团
天津人民出版社

图书在版编目（CIP）数据

人生不过三万天 / 茶茶著 . -- 天津：天津人民出版社，2022.7

ISBN 978-7-201-18565-1

Ⅰ . ①人… Ⅱ . ①茶… Ⅲ . ①散文集 – 中国 – 当代 Ⅳ . ① I267

中国版本图书馆 CIP 数据核字 (2022) 第 100290 号

人生不过三万天

RENSHENG BUGUO SANWANTIAN

出　　版　天津人民出版社
出 版 人　刘　庆
地　　址　天津市和平区西康路 35 号康岳大厦
邮政编码　300051
邮购电话　(022) 23332469
电子信箱　reader@tjrmcbs.com

责任编辑　李　羚
装帧设计　WONDERLAND Book design 仙境 QQ:344581934

印　　刷　三河市华润印刷有限公司
经　　销　新华书店
开　　本　880 毫米 ×1230 毫米　1/32
印　　张　7.5
字　　数　155 千字
版次印次　2022 年 7 月第 1 版　2022 年 7 月第 1 次印刷
定　　价　48.00 元

自序

嗨，我是茶茶。

2015 年的秋天，我在电台里录下第一声问好，那个时候的我也没有想到，在第七个年头，我会坐在桌前，为我即将来到这个世界的新书，写下这篇序言。

其实是拖了很多天才敲下序言的第一行，思来想去，这还是那年秋天我第一次坐到话筒前时，犹豫了很久说的第一句话：嗨，我是茶茶。

2016 年，我创建了一个公众号，在后台看倾诉问答，在留言里看喜怒悲欢。我认为每一个听众，都是我素未谋面的老朋友，我和他们约定着，我会一直在。

2017 年，我开始尝试着写一些东西，很幸运又遇见了一些喜欢看我文字的人。我把我的想法放在文章里，再录进话筒里，每天晚上九点三十分，偶尔迟到，但从未缺席。

就这样一天一天、一月一月、一年一年，到了现在。

这些年我还带着电脑和话筒去了一些地方，也愈发觉得，人生真的是一件很奇妙的事情。

有人相遇，有人离开，有人错过，有人释怀。

有人在深夜留言说对这个世界没有眷恋了，我赶忙发了手机号过去告诉对方可以随时打给我；有人问我生活好难、日子太苦了怎么办，我说多想想那些哪怕是丝丝末末的甜吧，人总是要学着积极安慰自己的；有人在微信上跟我讲，和喜欢的人分开了很难过，我说找个安静的地方痛快哭一场吧，剩下的意难平，就交给时间来处理好了。

有人跟我说不开心的时候看到了我的某篇文章有被治愈；有人兴冲冲地跟我分享我的文章被某家知名杂志或媒体转载了；有人把我的微信当成一个小树洞，跟我说下雪了想出去堆雪人但差点滑了一跤，还拍了一张照片，照片里雪真的很厚……

幸甚，这些事都发生在我二字开头的年纪，当他人的故事照进自己的生活，自然而然就多了一些反思和感慨。我把那些故事都写进了文章里，然后又不断地听说新的故事。

2021 年尾，我和一位读者通电话。她说结婚以后每天带娃，做家务就跟打仗一样，有时候一周都难得有一会儿自己的时间，但是她一听到我的声音就知道是我，因为结婚之前好几年，她每晚都会听我的节目。

幸甚，我和很多人相互陪伴了很多年。不知道看到这里的你是老朋友还是新朋友，但我都希望，接下来的日子，让我们一起走吧。

“一生不过三万多天。”我在节目里经常说到这句话。然后呢?

先爱自己，而后爱人；好好吃饭、好好睡觉，好好珍惜当下的分分秒秒，珍惜身边每一个陪伴着你的人；少生气，别那么在意他人的评价，大胆一点去尝试你想做的事情……

是的。一生不过三万多天，过一天就少一天，同样，每一天都是新的一天。

这些年我愈发觉得，生活的底色大多是孤独，而这也恰恰提醒了我，人生这件事终究还是要为了自己，要活给自己看的。

所以，不管是身还是心，把自己照顾好，找到自己生活的重心，然后把更多的精力，留给真正属于自己的和值得的人和事。

人生不过三万天：知足、感恩、谨慎、成长；清醒、独立、思考、沉淀。

也许我们终其一生都只是平凡的普通人，我们不会拯救世界，不会站在聚光灯下，甚至有些理想可能再怎么努力也够不到。但这并不妨碍我们热气腾腾地活着，并不影响我们在这三万多天里，活成自己喜欢的样子。

我希望翻开这本书的每一个人，永远都可以注意到生活里那些细碎的美好和光亮。希望书中那些故事给予我的反思，会带给你一些温暖和感动，可以让你少走一些弯路，可以更勇敢地去爱、去做自己。

谢谢每一个阅读这本书的人，希望我们都能在这三万天里，不断成为更好的自己。

目 录

CONTENTS

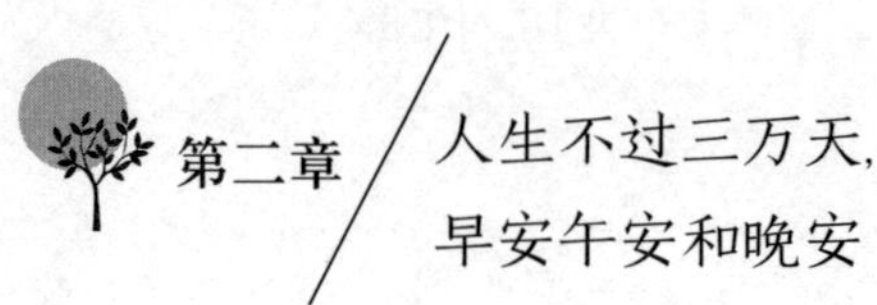

第二章 人生不过三万天，早安午安和晚安

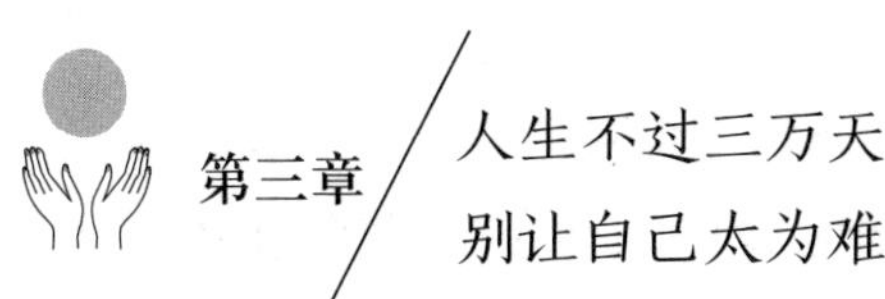

第三章 人生不过三万天，别让自己太为难

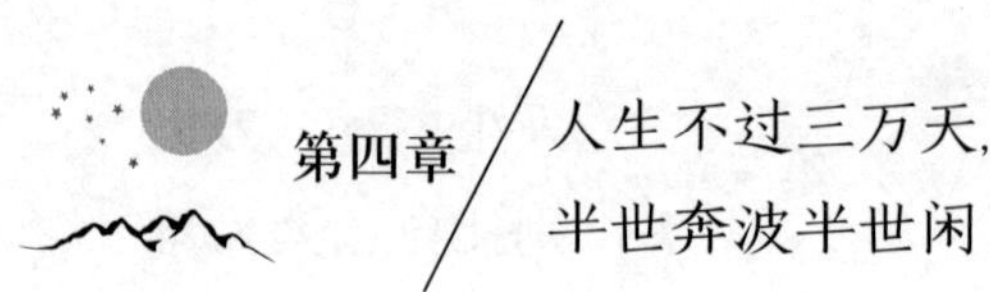

第四章 人生不过三万天，半世奔波半世闲

第一章

人生不过三万天，开心一天是一天

众生你我，都是在现实里摸爬滚打，多看看自己拥有的，不要总盯着自己还没得到的。无论发生什么，至少从心态上先放过自己，我们都要学着在繁杂的世界里，寻找属于自己的平衡。

祝你快乐，不止今天。

今天我请客，请你快乐

台风过境的时候，街上的人明显少了很多。过了两天只下了点儿小雨，城市又恢复了热闹和喧哗。十字路口的一家咖啡店门口有桌椅，淋不到雨，还能看街上人来人往。

天色渐渐暗下来，红绿灯的颜色越来越醒目，打着伞的女孩，踩水的小朋友，匆匆赶车的男人，路边的爷爷牵着奶奶的手在散步，小狗摇着尾巴欢快地跑向远方……心里的节奏慢了下来，愈发觉得生活美好。于是我打算去西瓜摊买半个西瓜，回家拥抱无线网络和空调。

有时候会发现，长大后的快乐很简单，简单就快乐。有一天我跟朋友聊天的时候，我们互相对生活和工作都还有一些抱怨，感觉事情顺心一小段时间，就马上会遇到更棘手的麻烦。可正聊着，她发了一张照片给我说："你看，晚霞！"

然后那些不愉快，安静地消散在那片晚霞里了。

杨绛先生说得对："问题在于读书不多，而想得太多。"想得多了，心就乱了。一天到晚追求人生的意义，觉得焦虑，觉得乏味，时间久了，越来越看不到任何美好的事物。

一直低头想要捡起“六便士”，却忘了抬头就能看见“月亮”。人生有时候并不需要意义，因为活着本身就是意义。有壮丽的山川大海还没来得及去看，有真正爱你的人还来不及去爱，有细细碎碎的人间烟火还来不及去发现。

既然上了生活的“贼船”，不如就做一个快乐的海盗，永远眺望远方，永远无所畏惧。

和朋友聊天，聊着聊着，我们就聊到了彼此的工作。

朋友说：“上学的时候觉得工作好，不用念书考试；工作了又觉得还是上学好，至少以前不用为了生计担忧。现在感觉担子越来越重，梦里都是还没赶完的项目，好心累啊。”

我说：“人活着，哪有容易的时候。一个年龄段就有一个年龄段的负担，不都是从艰难中寻坦途，从麻烦事里找快乐吗？”

朋友也笑：“是啊，倒是我纠结了。过日子，开心也是过，不开心也是过，当然是多寻开心，才不会辜负自己。”

长大无疑是一个把心事装满的过程。发生的事会越来越多，但在兜兜转转、迎来送往之中，其实能被记得、能一直留下的人和事，真的没多少。

世上本无事，庸人自扰之。想太多，就是自寻烦恼。就像下雨天，小朋友只想享受玩水的快乐，大人却担心雨会淋湿衣服。

长大以后，我们习惯性选择复杂，放弃简单。总是期望更多，永远用自己没有的去比较别人拥有的，自然不快乐。珍馐海味，食不过三餐；菜品上百，饱饮不过一斛；华屋万间，夜卧不过五尺。所以，别在乎那么多，别想太多，也别管太多，尽量活得简单点、自在点、洒脱点。

周国平老先生说："人这一生会成长三次，第一次是他发现自己不再是世界中心的时候，第二次是他发现无论怎样努力都无能为力的时候，第三次是当他接受自己的平凡并去享受平凡的时候。"我们都是普通人，平凡过一生，同样不失为一种顺遂。

既然人生这道选择题怎么选都会遗憾，不如就活在当下。所得，所不得，皆不如心安理得，活得最快乐。就像村上春树说的那样："不必纠结当下，也不必太担忧未来，人生没有无用的经历，所以我们一直走，天一定会亮。"

眼界宽了路自宽，心中有景春自来。半生已过，唯愿，多点快乐。

我想起汪国真的诗歌《假如你不够快乐》，这样写道："假如你不够快乐，也不要把眉头深锁。人生本来短暂，为什么还要栽培苦涩？打开尘封的门窗，让阳光雨露洒遍每个角落，走向生命的原野，让风儿熨平前额。博大可以稀释忧愁，深色能够覆盖浅色。"

也许多年之后，我们终会发现，生活中那些珍贵的时刻，往往都来自一些微不足道的小事，就像孩子的笑脸、亲人的陪伴，抑或是自己一瞬间的勇敢。

也许很多人告诉你一定要拼命往上游走，要咬紧牙关闯出一片天，但我希望所有的选择，都是你听从内心的决定。不是每个人都要长成玫瑰，只要你愿意，你可以成为路边的小花，摇摇晃晃，随心生长，看太阳东升西落，看四季寒来暑往。

所有迷人的，都是因为一直擅长做自己。

我知道生活很难，我们总会被拽到泥地里看清一些事情，但就像《人间失格》里的那句话："在所谓人世间摸爬滚打至今，我唯一愿意视为真理的，就只有一句话：一切都会过去的。"

每一天，都请记得快乐。请你停下匆忙的脚步，看看这浪漫人间、平凡烟火。有人等你归家，有人爱你如初，这世上的一切，你都值得。

人生何其短，祝你笑得格外甜。

送给很累很累的你

在微信收到一位读者发来的倾诉，他说：“茶茶，我失业了。其实本来信心满满，想在这家公司做出一番成绩的，但没想到，试用期天天加班到凌晨的我，还是败给了老板的侄子。

“一年又到头了，钱没攒下多少，身体还一直处于亚健康状态，感情也不顺利。我感觉自己真的好倒霉啊，什么都不顺利，太难了……”

我想起电影《这个杀手不太冷》中，玛蒂尔达问里昂：“人生总是这样痛苦吗？还是只有小时候如此？”

里昂回答：“总是如此。”

你发现了吗？长大之后的世界，好像并不是我们小时候心心念念所期待的那样，可以勇敢追求梦想，可以专心做自己喜欢的事。当鸡毛蒜皮的日常琐事扑面而来，当现实的重担全都压到肩上，人就变成了温水里的青蛙。心有一腔热情，奈何琐碎缠身，最磨人的，莫过于此。

你也是这样吧，很累，但无路可退。

就像《白鹿原》里的冷先生说的：“我看人到世上来没有享

福的，尽是受苦的，你看，个个人都是哇哇大哭着来这世上，没听说哪个人落地头一声不是哭，是笑。人都不愿意到这世上来，世上太苦情了。”

但他还说了：“既然人到世上来，注定要受苦，明白人不论遇见啥样的灾苦，都能想得开。”是啊，既然人生注定是一场修行，遇见什么，也只当“打怪”升级就是了。

不必躲，勇敢迎上去，赢了是幸运，输了，就当是一场成长必修课。

没有谁是容易的，每个人都是在现实里讨生活，多看看自己拥有的，不要总盯着自己还没得到的。

人生实苦，但最起码从心态上，先放过自己。

一年接一年，时间就这样过去。也许我们还是没能如年初所愿达成某些目标，还是没有变成心目中的自己，还是没成为期待中那种很厉害的人，但又能怎么样呢？

日子一天天过，我们每天都在解决各种各样的小问题呀。多看了一页书，多学会了一道菜，多交了一个很聊得来的朋友，每一点、每一滴，都意味着你在成长呀。

其实你已经做得很好了。你要告诉自己：“我已经很棒了，而我还在努力生长，所以，一切都只会越来越好的。”

我有三点建议送给大家：

第一，不要盲目焦虑。感觉心里有些浮躁的时候，就去做些其他事情，比如站起来伸伸懒腰，深呼吸，顺手整理一下桌子，你的情绪会快速被抚平。

别人跑得有多快，那是别人的事，只要你在正常的轨道上，用心做着当下的每一件事，那么你就是在成为更好的自己。不用跟别人比，我们终其一生寻求的，不过是真实的自己，人生路上的所有风景，都与他人无关。

第二，不要熬夜，更不要在深夜做任何决定。早睡早起，这会解决生活中的很多麻烦；别想太多，这会把剩下的麻烦再解决掉一部分。这一生，总有些人、有些事是我们注定无能为力的，时间和真心，是这世上最贵的东西，你要守好它们，吝啬一点去用。

让你累的、让你不安的、让你患得患失的，都注定是不能长久的，早一点离开它们，就是早一点放过自己。往后余生，跟谁在一起舒服，就跟谁在一起，什么样的生活态度能让你更积极更健康，就去过什么样的生活。

坚持做一个能管理时间的人，你一定会变得越来越开心。

第三，相信一切都是最好的安排。“塞翁失马，焉知非福”“失之东隅，收之桑榆”，如果事与愿违，希望你始终愿意相信，那只是生活另有安排。很多东西都不是当下就能见到成效的，你在三四月做的事情，到五六月自会收获，再过一段时间，等到七八月，那些善意、那些温暖、那些努力，也都会回馈到你身上。

世间万物，能量守恒，最受眷顾的，就是良善坦诚、努力从容的人。我想，我们都该做这样的人。

看过一篇文章中提到三个问题，大家不妨也问一问自己。

一问自己：活得疲惫吗？怨谁？

二问自己：活得纠结吗？怨谁？

三问自己：活得拘谨吗？怨谁？

怨天怨地，怨人怨事，最终都还是得怨自己。人生中的大部分不如意，其实都是自己在和自己过不去。可想想这有限的时光，能够真正留给自己的不过几年，又怎么能白白与不值得的人、事、物纠缠，怎么能轻易浪费在无关自己、无关本心的东西上呢？

有个周末我在家整理物件，收拾出了满满一箱过期的东西。

心血来潮买的超大个儿巧克力球过期了，我终于在丢掉之前明白了它的构造，原来就是薄薄的一层球里面藏了两颗小的巧克力；居家隔离时为了安心，囤在家里的麦片、膳食粥之类的速食产品，生产日期都是去年七八月，而保质期都是一年，一转眼又是秋天；还有过期的药品、过期的保健品、过期的彩妆品，过期的各种各样、杂七杂八的小玩意。

刚开始我连连惊呼时间怎么过得这么快，它们怎么都过期了？我怎么感觉好像是昨天才把它们买回来的？到后面我感叹，怎么什么东西都会过期啊！

是啊，这世上什么东西都有个期限。秋刀鱼和肉罐头会过期，保鲜膜也会变得不保鲜，年轻会过期，皱纹慢慢爬上去，生命也会过期，所有的开始或早或晚都会有个终结。过期的人还在你脑海里念念不忘，过期的事还一直纠结着不堪其扰，没用的物件留在家里平白让人看着杂乱，过期的东西放在身边只会让前行的脚步愈加沉重。

成年人总是要做很多选择，选来择去，生活变得拥挤，心里也被琐事堵得高高的，晒不进光。可是站在旁观者的角度上看，它们都过期了啊。每一分每一秒的生活都是新的，你我也应该是崭新的。

珍惜这件事，过期了，也就成了遗憾。

我看过一个街头采访，问题是："你觉得坐错车和错过车，哪个更遗憾？"有人说，宁可错过也不要坐错。有人觉得，坐错了不一定遇不到好的风景，而错过了，也说不定会是一种遗憾。

那么换作人呢？"爱过人和错过人，哪个更遗憾？"这大概是一个永远不会有答案的问题。选了这条路，难免会想象那条路；爱了这个人，也不见得就能彻底忘掉没能在一起的那个人。

生活中的矛盾多着呢。于是学会"断舍离"，并且能够主动地做到"断舍离"，就成了一门功课，而且是一门很重要的功课。要懂得降低不必要的欲望，在情绪上脑的时候及时转移注意力，定期清理过期的东西，不管是身边的，还是心里的。

丰子恺在《豁然开朗》中说过这样一句话："既然无处可逃，不如欢喜；既然没有净土，不如静心；既然没有如愿，不如释然。"该过去的，就让它过去吧，人生日历总要翻开新的一页。

"一切都会好起来吗？"

"一定会的，请你，坚信。"

这一生无法重来，你要好好爱自己

有一天突然得知，一位不常联系的朋友在年前去世了。

那位好友虽与我不算特别熟稔，但她的一手好字让我印象特别深刻。去年初我们还通过一次电话，她说工作太烦心，想找时间出来自驾游，如果来我的城市，要我请她吃饭，我满口答应。那时候，我们还聊了好些趣事，没承想猝不及防，就天人永隔。

和朋友聊起她的时候，朋友长叹了一口气说："人这辈子啊，无能为力的事情太多了，明天和意外哪个先来，谁也不知道。为了各种事情奔波忙碌，到头来，却忘了好好珍惜属于自己的时光。"

我也叹惋："是啊，我们唯一确知会发生的事情就是死亡，但也无法知晓它何时会发生。有很多事可以重来，但唯有生命，注定是一趟无法回头的列车。"

人有时候很强大，可以改变很多东西，但唯有两件事无法人为去决定。第一件是来到这个世界，不得不来；第二件是离开这个世界，不得不走。

这中间的几十载，几万天，几百万分钟，就是我们经历的过程，是我们存在的证明。既然起点终点都已经注定，那我们能把握在自己手里的，就只有当下的日子。

这一生无法重来，愿你在任何时刻都能记得，好好爱自己。

之前在后台看到过一条读者留言，她说自己去逛街从来都是给老公和儿子买东西，给他们花再多钱也舍得，而到了自己身上就觉得凑合一下、将就一下就算了。可没想到之前和家人一起去参加朋友的婚礼，回来时儿子竟然小声嘀咕说妈妈穿得太土，老公也点头赞同。

于是，她去商场买了那双自己心仪好久但一直没舍得买的鞋子。老公付钱，儿子提包，虽然对价钱还是有点心痛，但买到自己喜欢的东西，她还是开心了好几天。她感慨说："有太多女人为了家庭操劳半辈子，最后却成了被嫌弃的黄脸婆。总是一味奉献，却忘了爱别人之前，要先爱自己。"

有天下午，朋友娟子给我发了个位置，她带着孩子去了三亚。娟子说："记得结婚的时候，老公说蜜月去马尔代夫，我就等着他订机票做好安排带我去。现在我们离婚了，孩子也八岁了，我终于还是一个人带着孩子来了。挺好的，蓝天碧水沙滩，后悔没有早点来。"

人活着不是为了别人，而是为了自己。一辈子就这么匆匆几十年，有太多新鲜有趣的东西等着你去发现，有太多温暖和善意等着你去经历，为什么要浪费在令自己痛苦懊恼的人和事情上呢？

过得好的人，都有一个相同点，就是会取悦自己。放弃和舍得，是人一生的修行，想开了，日子才会过得丰盈充实。

我常在后台收到读者的留言，他们倾诉自己的感情苦、生活苦、工作苦。在手机上敲打出那些文字的时候，也许屏幕那端的人是真的觉得："这个困难要把我打倒了，我再也没办法重整旗鼓了。"

其实我很明白这种感觉，人生中的"小确幸"需要自己去发现，而那些"小确丧"，倒总是不请自来。也许是从一件不开心的小事开始，似乎所有的事情都开始变得糟糕，好像事事都在与自己作对，就像狂风暴雨前的安静和燥热，让人喘不过气来。

但你也一定经历过，你只是给了自己一个微笑，把这件没那么让人高兴的事看得淡了一些，之后的事情都开始变得顺顺利利的，形成一个正能量的循环。

人生一场，喜怒悲欢，酸甜苦辣，周而复始。换个角度、换个心态想想，任何事情都是相对的，没有绝对的好坏之分。

世上还有那么多美景、那么多美食、那么多新鲜有趣的东西等着你去发现，干吗要把时间浪费在不值得的人和事情上呢。一生不过三万多天，除了生死，都是小事，取悦自己才是最重要的。

生活实苦，但你要知道，能把困苦的生活过出诗意，在薄情的世界里知世故而不世故，才是最大的本事。

能够闲庭信步笑到最后的，一定是心态豁达，能够做到好好爱自己的人。

你看这世上，有很喜欢的人却没办法在一起的，有想实现的理想却总是难以坚持努力，或者是天不遂人愿，想要的并不总是能够得到。

其实人生就是这样，有得有失，有喜有悲，但全看你以什么样的心态去对待。先爱自己，再爱别人，先取悦自己，再取悦别人。在善意的前提下，听从自己内心的声音。

别总是给自己太大压力，别让自己承担太多委屈，你要学会扔掉包袱，轻装上阵，学会独处和停留，把时间和真心都留给真正喜欢和在意的人和事上。

日本作家山本文绪这样写道："决定放弃了的事，就请放弃得干干净净。那些决定再也不见面的人，就真的不要再见面了，不要再做背叛自己的事了。如果想爱别人，就先好好爱自己。"后半辈子，记得做一个尽量可以把控自己的生活，而非为生活所累的人。希望你我拿得起也放得下，坦荡微笑，自在洒脱。

好好爱自己，宁可糊涂一些，也别和生活太过于计较。算计来，算计去，最后算计的总是自己，累的也是自己。

有些事弄不懂，就不必非得弄懂；有些人猜不透，就不必非得猜透；有些道理想不通，那就干脆不去想。把那些不痛快的，让自己难过的，看作一摞过期的旧报纸，随意丢到书架底端，任它平静，任它落满灰尘。

你要记得，一个人的时间和精力都是有限的，要做个聪明人，不纠缠，不打扰，不讨好，不将就。放下不属于自己的人，割舍注定没结果的情，看开让自己纠结的事，过好属于自己的、当下的每分每秒。

愿我们都真正明白，这一生无法重来，唯有爱自己，才是终生浪漫的开始，才能活出属于自己的精彩。

人，不能让心情生病

电影《三傻大闹宝莱坞》中有一句特别温柔的台词：“心很脆弱，你得学会去哄它，不管遇到多大困难，都要对自己的心说‘一切顺利’。”

人心都是肉长的，害怕变数，害怕离别，害怕未知，害怕焦虑，在日复一日的生活中，我们免不了会遇到自己不喜欢的人，经历一些并不如意的事。

生气的时候也好，委屈的时候也罢，你一定要学着冷静下来，做自己的旁观者，微笑着、耐心地安抚自己的心，让它放下烦躁，一点一点平和起来。

人生过的是心情，生活活的是心态。不管现状如何，不管未来如何，你都得好好哄着自己的心，让它快乐。

要记得，人，不能让心情生病。

有天快凌晨的时候，在微博收到读者阿桃的留言，她问我还

记不记得夏天跟我讲过的故事。那个时候她刚和相恋三年的男朋友分手，转眼到了冬天，她还是没放下。

她说："我总是会在夜深人静的时候想起他，失眠、流泪、沉默、发呆，朋友都觉得我没有以前那么快乐了。都说时间是最好的医生，可它怎么还没有治愈我……"

想了想，我回复她："心病还需心药医，再好的大夫，也需要病人配合治疗啊。"

其实每个人在经历过一些不愉快的事情之后，都不可能一下子从失望甚至是绝望中爬起来，总要难过一阵子的，这无可厚非，也无可避免。但是那些过一段时间就积极振作起来的人，并不是没心没肺，而是他们真切地开始觉得不值得了。他们开始往前看了，朝着更明媚的方向去努力，那些旧事自然就影响不到更优秀的自己了。

可是像阿桃这样呢？明知道自己不该再对对方心有留恋，晚上却还是忍不住偷偷翻看对方的动态。他过得好，自己心里难受；他过得不好，自己心里也难受；不知道他过得好不好，自己心里更难受。

你看，如果一味沉浸在过往中，除了给自己添堵，再无半分用处了。过日子终究是过以后，不是过以前，想明白了，很多事也就想通了。

前两天被一个上门开锁的师傅坑了一把，我心里郁着一口气，一直觉得很膈应。然后我就问自己，要去花很多时间和精力去理论、争吵甚至是投诉吗？情绪告诉我很生气，一定要有个说法，而理智告诉我那很不值得。

于是，我点燃还剩一半的香薰蜡烛，给了自己一个心理暗示，在蜡烛燃尽的时候，就让这个事情过去吧。忙碌一下午，蜡烛已经烧尽了，我长舒了一口气，瞬间心情大好。

我很喜欢的一段话是这样说的："无能为力的事当断，无缘无分的人当舍，心中烦欲执念当离，目之所及别再是回忆，心之所想别再是过往，放下执念，回归安宁。"

开心就笑，不开心就过会儿再笑，把生活过成自己喜欢的样子，越简单，才越容易快乐。得也好，失也罢，都当成生命中难得的经历，拥有了就好好珍惜，失去了就学会成长。少一点抱怨，就多一点可以快乐的空间。

每个人都有自己要走的路、自己要过的生活。我们生下来的时候都像一张空白纸张，怎么去描绘，要画上什么样的风景，都由我们自己决定。

你哭丧着脸面对生活，生活也同样会对你愁容满面，但是如果你热爱生活，总是积极向上，生活自然也会对你笑脸相迎。

感情是这样，工作日常、生活琐事也同样如此。

几年前的秋天，我做了一个匿名"树洞"放在公众号里，让大家可以把自己平时想说又不敢说的话写在里面一吐为快。有一天，我在后台收到一条消息，一位读者问我"树洞"里的内容可不可以删掉，说当时写下那些内容挺解恨的，可是现在不生气了，看着那条内容，觉得有点好笑，又有点尴尬，觉得不理智的自己特别幼稚。

我想我们都是这样的，也许是经历失恋，也许是被老板骂了，也许是和家里人闹矛盾了，也许就是琐碎的日常，老公不体谅自己、孩子不懂事……家家都有难念的经，在负能量来袭的时候是真的觉得自己委屈。但是说出来松快松快，心情变好之后也就觉得，其实没必要大动干戈，日子还是要照样过的。

是啊，既然事情早晚都是要翻篇的，当初干吗非缠着自己较劲。该是谁的错处，点出来后便不要再放在心上，自己的错处别捏着不放，别人的错处别气到自己。

有句老话说得好："身体之疾病，自己难医，但心情之疾病，唯有自医。"人活着，就如同在海中慢慢划船，只有你才是自己人生的划桨者；风再大雨再急，也得自己先冷静沉稳下来后，再去应对。除了自渡，他人爱莫能助。所以，不要跟自己过不去，照顾好自己的身体和心灵，才是一切幸福快乐的前提。

那些鸡毛蒜皮之事，如果真的觉得压在心里难受，不如就在备忘录把想说的话一股脑儿地写出来。等你满腹心事打出了草稿，你会突然发现，为这些生气不值当，有这个时间，倒不如去吃顿好吃的呢。

当人开始学着做自己生活的旁观者了，很多事就会看得更清楚，心里也会更透彻。心情好了，一切就都好了。

我知道这个世界有时候的确会让人觉得很累、很辛苦、很压抑，甚至很绝望，生活中有很多时刻总会让我们觉得难熬、坚持不下去了。但我们都一样，有时候我们脆弱得因为一句话就会泪流满面，有时候我们也会发现自己咬着牙，走了很长的路。

正如作家白落梅说的："人生一局棋，关于输赢，我们总是无能为力。迷惘之时，多半在局内，让你了悟的时候，人已在局外。若用平和的心态，看凡间一切，简单明了；若用复杂的心态，看万丈红尘，则为世相所迷。"

生活是有弹性的，境随心转，物由心造。喜怒悲欢，其实都在你一念之间。快乐是一种心态，更是一种选择，心若向阳，人生便永是晴天。

亦舒的小说《喜宝》里说："最希望要的是爱，很多很多爱，如果没有爱，钱也是好的。如果没有钱，至少我还有健康。"

健康活着，就已然是最大的拥有，如此想想，心里便觉得安稳快乐了。以后的日子，希望你时常告诉自己，你所担心的、害怕的、恐惧的，99% 是不会发生的。

该放下的早点放下，该舍弃的早点远离，不值得的人和事就丢到一边不要理会，不要自己吓唬自己，更别让自己的心情生病。

把手放在心脏旁，对自己说：你很棒，一切都很好。平安喜乐，人间值得。

有一种心境，叫随遇而安

《小窗幽记》中有这样一副对联："宠辱不惊，闲看庭前花开花落；去留无意，漫随窗外云卷云舒。"

每每想到这两句话，我都会觉得心里的烦躁被洗涤一空。

世事总有不如人意处，但总有能够坦然面对悲喜和无常、时时修持一颗平常心的人。得也好，失也罢；顺境也好，逆境也罢，都不是绝对的状态，所谓的绝境，换个角度去看也许就能逢生。

遇人别纠缠，遇事别强求。委屈自己，不如随遇而安。

有个周末，我去朋友家找她闲聊。她泡了壶茶，然后我们一起窝在小阳台上，看日头一点一点西移，天色一点一点变暗。楼下的人来了又去，车停了又走，恍然间有种半生而过的沧桑感。

朋友摇头晃脑地念："偷得浮生半日闲，心情半佛半神仙。"

我笑："你也太容易满足了，明天不还是照样从被窝里爬起来上班，手机不要设置静音，你看有多少事情等着处理。"

朋友反驳我："你这样想，日子就太悲观了，既然在偷闲，就别想那些忙碌的事情啦！谁说俗尘不能有清净，全看你怎么想喽。"

我说："是是是，当然是能闲一时是一时，享受一时是一时。

认真给自己充充电,养精蓄锐,才更容易把生活过得简单快活嘛。”

朋友一脸孺子可教也的表情，我们相视大笑。

这世上的事是做不完的，路也是走不尽的，如果你不能学着与自我和解，如果你不能明白自我放松的重要性，那你一定会活得很累，找不到生活的乐趣。

可能你拼尽全力朝着一个方向努力，到了终点才发现原来是一堵南墙。但在这个路途中，你经历了，其实就成长了。

你会明白有些故事注定没结果，你会懂得，坚持也好，放下也罢，人是要靠自己成全自己的。

前段时间逛街的时候,我一眼相中了一双版型很好看的鞋子。但是 36 码挤脚，37 码就掉跟。我犹豫了很久还是把 36 码买了，想着穿一穿也许就会变宽松。可穿出去几次都是走不了多久就磨得脚疼，后来穿的次数就越来越少，再后来就搁置起来了。

昨天收拾房间，打开盒子又看到了这双鞋子，依然觉得挺好看的，只是没有最开始那种怦然心动、必须拥有的迷恋了。我突然懂了一个很浅显的道理，喜欢和合适真的是两件事，很多事情，都没有那么多凑巧和刚刚好。

有些物件是这样，有些感情也是这样，不是你不够好，只是对方不需要，也不是你不合适，只是人生中的出场顺序，真的很重要。注定不属于你的，你再怎么强求都没有用，倒不如好好珍惜身边的人，好好把握住自己已经拥有的东西。

事事别太执着，时间会给你真实的答案。

以前觉得，有棱有角才够特立独行。现在却懂了，人并不是一定要用不同来表现自己。一个人要想过得幸福，就不能太聪明，也不能太傻。该说话的时候不沉默，该聪明的时候不装傻，在适当的场合说合适的话，这才是最大的智慧。

以前觉得，爱情就该是甜甜腻腻的样子，现在却懂了，“有我在”比“我爱你”更让人心安。一句“拿着”，胜过十句“我会给你的”。感情里的相遇和分离都是常态，而你也总要在这样的分分合合中让自己学会成长，接受有人来，更要接受会有人离开。

以前觉得，生活就像一杯黑咖啡，苦虽苦，可总也有喝完的一天，静下心去品，其实也有一点醇香。现在却懂了，没必要非得逼着自己去适应苦涩，加几包糖是你自己的选择。

以前觉得，靠自己的力量可以改变很多事，总觉得只要努力就没有得不到的东西。现在却越来越觉得，其实我们都是万千世界、芸芸众生里普通得不能再普通的一个。

年岁渐长，越来越相信凡事都有因果，人有性格，事有定数。这样随遇而安的心态，能解决生活中 99.9% 的郁结。很多时候，你的力量微乎其微，你的固执微不足道，没有几个人会因为你而改变主意，也没有几件事会因为你而改写结局。但在任何时候，你都可以坚持做自己，只要你愿意。

有些事不值得你纠缠，有些人不值得你留恋，时间和生命真的很宝贵，白白浪费实在可惜。想得太多，就注定逃不开庸人自扰。就像朋友说的，谁说俗尘不能有清净？全看你怎么想、怎么做。

在该努力的时候就拼尽全力朝前冲，在该放下的时候绝不一味贪图留恋。

当然，放下与放弃绝不等同。有这样一句我特别赞同的话："我们总是喜欢拿顺其自然来敷衍人生道路上的荆棘坎坷，却很少承认，真正的顺其自然，其实是竭尽所能之后的不强求，而非两手一摊的不作为。"

与人交往也好，与事打交道也罢，人贵在自知且真实。知道自己该什么时候上台很重要，但更要明白，自己该什么时候谢幕。

杨绛先生在《一百岁感言》中说："我们曾如此渴望命运的波澜，到最后才发现，人生最曼妙的风景，竟是内心的淡定与从容；我们曾如此期盼外界的认可，到最后才知道，世界是自己的，与他人毫无关系。"

是啊，"知我者谓我心忧，不知我者谓我何求"。他人的生活与你何干？他人的看法与你何干？他人的计较与你何干？做好自己已是不易，哪有那么多精力去看管别人呢？

三毛说："我来不及认真地年轻，待明白过来时，只能选择认真地老去。"时间不会为任何人停留，开心也是一天，不开心也是一天。牵挂来担忧去，最终受累的还是自己的心，倒不如顺其自然，随遇而安，把一切交给时间。

余生很贵，患得患失不如顺其自然，纠结遗憾不如随遇而安。最好的发生，永远在当下。学会看淡，学会释怀，平和自己的心态，一切都是最好的安排。

心态好的人，自带光芒

一位读者在微博私信问我："而立之年，没钱、没车、没房，每天麻木地上班下班，浑浑噩噩地过日子。我经常觉得自己特无助、特没用。茶茶你说，我怎么才能让自己正常点？"

看完他的问题，我反问他："如果你现在有钱、有车、有房子，你就一定会远离无助，找到快乐吗？"

他说："我觉得应该会吧，至少会比现在好。"

这段对话让我想起了最近特别喜欢的一首歌，是赵轲的《有人》，歌词通篇都让我很有感触，印象最深刻的是这几句："有人家财万贯却还失声痛哭，有人身无分文却也活得舒服，有人入不敷出，半杯酒便再无贪图。"

我把这段歌词发给他，他回了我一个苦笑的表情，说："又要费上一盒烟，还有半宿的时间了。"莫名被逗笑了。我想，他其实也许是个很幽默的人，只是在那个时间段，被负面情绪迷了心吧。

听过很多人说，越长大越发现，钱真的是个好东西，钱能解绝大多数的烦恼，也能换来大多数的快乐。必须承认，这句话在某些时候的确有些道理。我们可以用钱买到自己想要的东西，朝自己想要的物质生活更近一步，但只是某些时候而已。

有些东西是钱永远换不来的，比如妈妈煮的一锅清粥，踏实安稳的一场睡眠，转角偶遇的风景，真心相待的一个爱人……这些细碎的经历，就像生活中的快乐开关。当你没那么开心的时候，搁下你还没得到的，想想你已经拥有的。

生而为人，各有各的难，各有各的甜。有钱有富贵的活法，没钱有穷困的活法，但没钱的人，却并非一定比有钱人不幸福。就像狄更斯说的："一个健全的心态，比一百种智慧更有力量。"

我们都会有想不通、看不开、放不下的时候，但在这样的时候，往往是一叶障目，不见泰山，而当我们拨开叶子，才发现天高云阔，豁然开朗。

好的心态，就是我们拨开叶子的最有力的力量。

《论语心得》中讲过这样一个故事。有位得道高僧带着自己的小徒弟云游，小徒弟对师父崇拜得不得了，觉得师父说啥都好，做啥都对。有一天，他们途经一条河，一个姑娘在河边徘徊，想过又不敢过，高僧就问她："姑娘，你是要过河吗？我背你过去吧。"

小徒弟瞠目结舌，看着师父背着女子过了河，坦然道别，然后继续前行。他满肚子的疑惑和嘀咕，却又不知道怎么问师父，只好跟在后面一直沉默着。

就这样，小徒弟带着心事走了十里地，又走了十里地，再到走完下一个十里路程的时候，他终于忍不住问："师父，不是说出家人四大皆空吗？你怎么能背一个姑娘过河呢？"

师父看着他不解又生气的神色，忍不住笑了："我背那位施主过了河，马上就放下了，你却比我多背了三十里地，到现在都还放不下呀。"

一句话点醒了小和尚，他忍不住羞红了脸。

生活中的我们，有时候就像极了这个小和尚，被一点点乌云挡住了心里的阳光，没能及时驱散，结果自己的世界变得越来越暗。

情绪和心魔其实都不可怕，可怕的是受其影响却不自知，甚至自甘堕落，而不是想着如何调整自己。人生苦累，大多都是跟自己较劲，有一些负担明明可以及早舍弃，却默然承受，导致越来越累。

重要的并不是你有多少钱，也不是你有多少厉害的朋友，更不是你有多显赫的名利富贵，这些外在的东西，撑住的只是你外在的面子。面子的状态随时都在变，而里子，也就是你的心，才是人生大方向的主宰。

心小了，小事也成了西瓜大事，郁结在心里化不开；心大了，大事也成了芝麻小事，动动手就掸走了。

心态好的人，才能一辈子都好。

很多人说日子苦，工作累，赚钱难，等等。其实每个人当初的选择，都是为了让自己更开心，如果同行者能增加你的快乐，那就合得来一些，如果不能，也别放任自己。

毕竟，人都是为自己活的。纵使改变不了别人，也别轻易让自己变得暴躁易怒。要记得，工作也好，生活也罢，都是为了幸福，一定别被它们反过来束缚住自己。

我很喜欢罗兰的一句话："各人有各人理想的乐园，有自己所乐于安享的世界，朝自己所乐于追求的方向去追寻，就是你一生的道路，不必抱怨环境，也无须艳羡他人。"人生是没有回头路的，做再多的设想也是无意义的。与其纠结抱怨，不如踏实努力，但前提是，你不能在这条自己选择的路上，让心变得贫瘠和困苦。

我知道这做起来很难，但人生不就是这样一场漫长的修行吗？见天地，见众生，更要见最真实最平和的自我。境随心转，物由心造，相由心生，你的心态越好，生活就对你越发温柔。

愿你余生不为琐事烦扰，用最好的心态，过最好的生活。

共勉之。

越是不开心的时候，越不要闲着

曾收到这样一条倾诉："茶茶，在吗？我很不开心，想和你聊聊。我和他异地一年半多了，最近他总是说自己很忙很累，微信聊几句就不见人了，电话通几分钟就挂，我不肯，他就觉得我不体谅他。

"我知道我有点太黏他，可我忍不住不找他。现在他总说我让他心烦，每次都闹得很不愉快，我不知道该怎么办了。"

我说："那你也要调整一下自己的态度，冷一点，别那么主动。做点你自己的事，让你的生活充实起来。这样，如果他的确是在忙，你们互相都在为了成为更好的人努力，那再好不过；如果他是因为不那么在乎你了才冷落你，你更没必要刻意讨好对方，谁也不是离不开谁，当你让自己变得越来越好，就一定会遇到更值得、更合适的人。"

她发来两个无奈的表情，说："我感觉好难啊，我现在一有时间就想找他，满脑子都是他，可能真的就是太闲了吧？"

答案是肯定的，人生中大多数的不如意、不快乐，其实都是因为太闲了。

人可以闲，但是不能盲目的闲。如果是为了放松，为了调节自己的状态，偶尔闲一闲，是很好的生活方式；但如果是因为不知道自己想要什么、要做什么的“闲”，那只会让自己变得越来越患得患失。

无论是面对爱情、面对工作，还是面对日常生活，一个人越是不开心的时候，越不能闲着。不要让自己在情绪的低谷里待太久，这只会让你越来越不快乐。去锻炼，去看书，给自己报几个课程，多学一点技能，各种方式都好，总之，让自己动起来，忙起来，充实起来。

人生是条河，除了自渡，他人爱莫能助。尤其在经历低谷的时候，你必须主动拉自己一把。只有这样，时间朝前走，你也在朝前走，这才是熬过一段经历最好的方式。

美国社会心理学家费斯汀格提出了一个“费斯汀格法则”，说生活中的10%是由发生在你身上的事情组成，而另外的90%则是由你对所发生的事情作出的反应所决定。

不开心的时候，如果你继续去纠结那些让你不开心的人和事，那就像是几团毛线在你脑子里缠绕打圈，越想越乱，越想越烦。如果你的生活够充实，你就没时间胡思乱想。大多数不开心都是阶段性的，而且是可以通过调节自愈的，所以你需要主动让自己忙起来。别闲着，别把自己逼在小胡同里较劲。

人生不是独木桥，你有很多条路可以走。忙起来可以治愈烦恼、治愈不开心，但这并不是主要目的。努力从来就不是为了别人，而是为了自己。那些有意义的忙碌和坚持都会让你成为更好的自己；那些充实，会让你的头脑快速冷静下来，捋清思路，帮助你做出更正确的决定。

人最怕盲目地闲到最后，爱情没了，工作丢了，生活也过砸了。不要在你的人生还有无限可能的时候选择放纵和堕落，任何一个人、一件事，都不是也不会成为你生命的全部。

你应该坚持努力，而不是随便将就。

这一辈子的时间很长，每天都有八万六千四百秒供你挥霍；但这一生的岁月也很短，满打满算也不过三万天左右。

别消耗，别浪费，别纠缠。谨记：好的人生，不能闲。希望多年后，你回望自己走过的路，可以像《钢铁是怎样炼成的》中写的那样："当我们回首往事时，不因虚度年华而悔恨，也不因碌碌无为而羞愧。"

希望我们，都能在有限的时间里，尽可能让自己变得更好。变成自己喜欢的样子，过上自己想要的生活，才不负路过这一趟人间。

心要简单，人要糊涂

“人生不如意真是十之八九啊。”

某天下午我收到朋友薇薇发的消息，只有这样一句感叹。

我问她怎么了，薇薇说：“就是一些不开心的事，我忍不住想和你感叹一下。不过不想释放负能量，我打算一会儿下了班去看场电影，然后再去买块小蛋糕吃。公司附近新开了一家蛋糕店，听说特别好吃。”

我在屏幕这边被她逗笑了，回复道：“行行行，干啥都行，开心就行。”

我很喜欢和薇薇聊天。她就好像是个天生的乐观派，再不开心的事到她那儿，也可能被其他好玩儿、有趣的事抵消，偶尔像个哲人似的点评几句，就又去游戏人生了。

有一次我们逛街，我表述了对她的这种看法，薇薇忍不住哈哈大笑，随即却很认真地对我说：“这世界上不如意的东西多了去了，要是挨个儿难过，哪还有时间去享受美好？遇上烂人烂事，感慨两句就行了，非得较那个劲，不是跟自己过不去嘛。做人啊，心要简单，人要糊涂。”

心要简单，人要糊涂。我细细想了几遍，越琢磨越觉得有道理。

每个人都会有不开心的时候，当你不开心的时候，你会怎么做呢？是和别人大吵大闹，还是一个人生闷气？是特别烦躁地暴饮暴食，还是找人恶狠狠地抱怨一顿？这些不开心时候的本能反应，并不会让事情变得顺利，反而会让人变得消极甚至是压抑。

不开心的时候，不如问问自己：为什么不开心？是自己的错还是别人的错？如果是自己的错，及时改正就好，没必要跟自己过不去；如果是别人的错，与自己无关，更没必要浪费自己的精力。这一辈子属于你的时间本就没有多少，你开心也是过，不开心也是过，那为何不选一种积极乐观的生活方式呢？

很多事没必要想得太透彻，很多人没必要看得太清楚。心简单点，人糊涂点，生活就能更快乐点。

有一次和一位朋友聊天，她说了一句让我印象特别深刻的话：“人的不快乐，大部分都是庸人自扰。盲目攀比，比输了心情；想得太多，想输了人生。”

其实静下心来思考，人的生活哪有一帆风顺的呢？每个人都有自己必须吃的苦、要经历的磨难和历练，这些事在发生的当下也许并不是那么让人愉快，但事后冷静了想想，为此生闷气甚至萎靡不振好长时间，根本就不值得。毕竟，心情是自己的，气出病来，可真的没人替代。

旁人说什么、做什么，那是他们的事，我们无权干涉别人的言行，但我们可以安抚自己的心，让它不要因为外界的干扰而烦躁不安。说白了，遇见那么多人，经历那么多事，有几个是能陪你到老的呢？不过是这一生中的一个小插曲，这一出戏唱完了，自然也就散了，何必为了它们浪费时间和精力呢。

心若小了，小事也成了大事，郁结难开；心若大了，大事也成了小事，不足挂齿。再没有什么，比一个健康的身体更重要的了。想想现在的我们，能吃饱饭，能穿暖衣，偶尔还能犒劳自己吃顿大餐，买几身喜欢的衣服，还有什么不知足的呢？别总是盯着自己没得到的，多想想自己已经拥有的。简单的心，简单地活，才更容易得到快乐。

人啊，话多了伤人，想多了伤神，与其伤人又伤神，还不如清净自在不烦神。就像我看过的一段话说："当你烦恼的时候，想想人生就是做减法，见一面少一面，活一天就少一天，还有什么好烦恼的呢？不念人过，不忘人恩，不思人非，不计人怨。不缺谁，不少谁，对得起自己的良心就好。"

生活中的很多烦恼，其实都是自己带给自己的。

当你抱怨自己钱不够多的时候，想想那些躺在病床上不知来日几何的病人，你就会明白，健康就是最大的财富；当你感叹自己生活不如意的时候，想想那些活在连基本人身安全都得不到保障的国家的人们，你就会知道，你所不屑的，同样也是他人羡慕不已的；当你为了一点点琐事烦恼的时候，想想那些已经离开这些世界的灵魂，现在的我们还活着，还能够感知人间的美好，这不就已经是最大的拥有了吗？

钱财名利，生不带来死不带去，烦恼忧愁终成往事，最后也只会一笑而过。谁不是孤孤单单来，孑然一身走，在有限的生命里，如果能取悦自己，为什么还要自寻烦恼呢？

《了凡四训》中讲："从前种种，譬如昨日死；从后种种，譬如今日生。"人这一辈子，尽可能让自己活得舒心，就是最好的生活方式。

先爱己，后及人。

要记得，这趟名叫人间的旅途，一生只此一次，一次就是一生，没有彩排，更没有重来。所以，没有什么人值得你纠结烦躁，也没有什么事值得你放弃好心情。收好自己的时间和精力，只爱值得爱的人，只珍惜值得珍惜的事。不勉强，不纠缠，用简单豁达的心态，过最快乐从容的生活。

凡事看开点，看人短不如看人长，计较太多不如舍得更多，与其盯着别人的生活看，不如多反思反思自己的言行。

凡事看轻点，其实你担心的很多事根本就不会发生，到头来不过是庸人自扰一场空，与其这样，还不如好好享受当下的生活，以后的事，以后再说。

凡事看淡点，有些东西不属于你，就别太执着，多想想自己拥有的，少纠结那些不值当的细枝末节，对所有拥有的都应该感恩，尤其是时间和生命。

很多时候，换个角度，换个心态，想明白了，也就不会烦恼了。以后的日子，生活简单点，做人糊涂点。

活着，就是最大的幸福了。

人生很难，但愿你学会勇敢

曾经在网上看见过一个问题："你什么时候觉得生活很难？"

有一个很短的回答获得了特别多的点赞，因为这句话猝不及防地戳中了人心："离家千里，出了地铁口，万家灯火。"

有朋友说看了自己的支付宝年度账单，花了不少钱，可是看看银行卡余额，却根本没攒下多少。她说："去年年初换了一份新的工作，虽然离住的地方更远了，但工资也比之前高了不少。那时候想着每个月攒一点，到年底可以攒出一辆车的首付，这样就不用每天早晨都卡着点地等公交转地铁了。

"那时候还想给自己报个舞蹈课。我从小就想学舞蹈，可是家里条件不允许，一直也没学成。还想过，如果钱有盈余的话，就租一个离公司近一点的房子，一定要朝南向的，可以晒被子。

"但是现在呢，我还是每天挤着公交车和地铁上下班，回到北向的卧室，重复着麻木的日子。"

她长长叹了口气，接着对我说："我真的觉得自己已经在用力往前跑了，可是理想的生活还是那么远。人生，真的好难啊……"

是啊，人生真的好难。各家有各家的苦，各人有各人的难。

就像刘亮程在《一个人的村庄》中说的：“落在一个人一生中的雪，我们不能全部看见，每个人都在自己的生命中，孤独地过冬。”

有人在医院走廊抱头痛哭，急需钱救命；有人裹着破烂的被子睡在天桥底下，盼着冬天早点过去；有人已过中年，面对老板的高声指责和谩骂，一声都不敢吭，因为他一个人的肩上担的是整个家庭的开销；有人加完班已是凌晨，吞下几片胃药，躺在床上闭着眼睛却久久睡不着，脑子里想的还是没完成的销售业绩……

我们都知道生活很难，有不如意，有绝望，甚至在很多个时候都忍不住想，要不放弃算了，但是我们都坚持到了今天。

那些杀不死你的，都在使你变得更加勇敢和坚强。

前段时间，我接到一个发小的电话。一个从来都是乐观阳光的硬汉，声音哽咽着问我手里有没有余钱。他妈妈突发心脏疾病进了重症监护室，他急匆匆赶回家，现在也只来得及赶紧筹钱准备手术。我给他转了钱过去，握着手机站在窗边，忍不住想起“人生无常”这四个字。

我们总说，要在现有的基础上追求更好的生活，要让自己成长的速度快于父母老去的速度，要成熟强大起来，能够保护自己爱的人。可是有时候，健康地活着，就已经是很难得了。

你习以为常的，也许反倒是他人可望而不可即的。

好在手术顺利，昨天他给我打电话，声音里满是开心，说钱转给我了，让我查收一下。

我问阿姨情况怎么样，他说已经没什么大碍了，今天就可以回家修养了，特别庆幸自己前段时间完成了一个大项目，奖金正解了燃眉之急。

人生总免不了经历一些突如其来的苦，但也总有很多恰到好处的甜。低谷过去了，必是新的幸福。就像开头我那位朋友，在聊天末尾她对我说："不过我也很知足了，想想最开始一个人在北京打拼的时候，交完房租所剩无几，连着好几天吃泡面。现在手里有点存款了，也能经常犒劳自己吃顿好的，还能给爸妈买几件衣服，给家里添置点东西。虽然不能一下子圆满，但日子也是在逐渐变好的。我要继续努力，继续加油！"

你看，每一丝善意、每一份付出，都不会白费。

知世故而不世故，看清生活的真相却依然热爱的每一个人，终会被温柔以待。

偌大的世界里，每一个平凡渺小如你我的普通人，都在自己的生活轨迹上经历着喜怒悲欢。但是在日复一日的苦熬中，我们都没有认输，我们都坚持着，用力地活着。

《千与千寻》中有一句我很喜欢的台词，想与你共勉："不管前方的路有多苦，只要走的方向正确，不管多么崎岖不平，都比站在原地更接近幸福。”

我知道一生顺遂太难，但愿你坚持勇敢，就算顶风冒雪也不要怕。只要心存善念，勇敢而认真地坚持着，就一定能活出属于自己的熠熠生辉的人生。

愿你在人潮拥挤的街头，早日遇到那个命中注定到白首的人；愿你在世事变迁中慢慢成长，在岁月流逝里学会坚强；愿你一生努力，一生勇敢，终有一日，活成自己喜欢的模样，与想要的生活撞个满怀。

想开些，天晴着呢

周末跟朋友闲聊，问起她最近的生意进展，困难颇多，听得我都忍不住皱起了眉头。她却笑笑说："事情不就是这样嘛，若能事事如意，那就不叫生活了。"

我赞她豁达，她又摊摊手："反正都已经这样了，问题总得解决，那笑着解决总比哭着解决好看些吧。"

是啊，生下来，活下去，就像一场未知的游戏。每个人都有自己必须吃的苦，无人能替，那些只能一个人走的路，无人能帮你掌灯。这一程的"打怪升级"和"通关胜利"，没有磨难也就没了乐趣，但如果太执着于输赢，反而失了最开始时的初心。

生活总是会有起起伏伏，你我终究不过是凡尘俗世里的一个普通人，但我想告诉你，悲喜一念间。

总会有些时候，心情莫名低落，也说不上来到底是因为什么而烦心，就觉得生活真的好难，太多压力和责任担在肩上，让人喘不过气。想找个没人的地方大喊几声，想抛下一切去一个陌生的城市安安静静地待几天，可总有那么多事情等着自己去做，总有那么多无可奈何和身不由己。

我们都习惯了每天扮演一个情绪稳定的成年人，但心里到底有多少苦多少累，只有自己知道。但其实有时候想想，为何把自己逼得太紧呢？

生活的摆锤永远不会停下，我们也总会在不经意的时候猝不及防地挨了锤，但我希望你不要再为难自己。好事也好，坏事也罢，去选择一种更能够让自己开心的生活方式，总比沉浸在沮丧中无法自拔要好得多。

你不必去爱世间万物，你只要爱你自己，就足够了。一叶值得欣赏，可别忘了一叶也能障目。

我讲个故事吧。有个中年人，觉得日子过得十分沉重，想寻求解脱之法，就去向一位禅师求教。禅师听了他的来意，给了他一个背篓让他背在身上，指着前方一条蜿蜒崎岖的小路说：“每当你向前一步，你就弯下腰捡一颗石子放在背篓里，感受一下。”

这个中年人遵照禅师所说的，每走一步，就捡一颗石子，没走多远背篓已经装了小半。压在肩上的重量越来越沉，走起来也愈发费力，等到背篓装满大半，他实在背不动，就回到了禅师那里。禅师看他满头大汗的狼狈样子，笑着问：“感觉如何？”那人回答：“石子越来越重，太累了。”

禅师说：“每一个人来到这世上，又何尝不是背负着一个空篓子行走在人生的路上，遇到桩桩件件的事、形形色色的人，就如同捡起一颗一颗小石子丢到背篓里。想得太多，放不下的太多，心里的担子就会越来越沉，怎么能不累呢？”

不知道你有没有像我一样，从禅师的话中，看到自己的影子。如果把太多人、太多事都请进生命里，那势必会增加自己心里的负担，我们总想着得到更多，装下更多，却忘了，只有适时清理行囊，才能轻装上阵，走得更远。

所以啊，有些想不通的事就没必要继续想了，有些看不透的人也就别继续费心琢磨了，不开心的时候更别固执在坏情绪里。转移注意力去做点别的事情，或者拉上窗帘好好睡一觉，尽可能地调整好自己的状态。

你要记得，只有你才是自己人生的主宰，要懂得“舍弃”和“放下”的重要性。

少一点纠缠，才会多一点自在，也唯有这样，你才能真正放过自己。当你不再一味钻牛角尖的时候，你才能主动从负面情绪中跳脱出来。心态好了，你自然也就不会那么累了。

人生无须感慨，接纳每一个当下的自己，想开便是晴天。

“若有一日，你前进一步是死，退后一步也是亡，当何如？”

“那我便往旁边去。”

乍一看这像句孩子说的傻话，但你品，你细品。

爱一个人卑微到骨子里，对方云淡风轻，自己遍体鳞伤，往前一步是无能为力，退后一步还是爱而不得，何必呢？有些人注定不属于你，但自尊和底线不能丢，你不妨做更好的自己，总会有人寻光而来。

在一份工作里郁结，不敢往前一步跳槽或创业，也不愿退后一步默默忍受。可这一生短暂，何必在畏首畏尾里消耗时光呢？工作是为了生活，生活却不全是工作，你的可能性远比你想象的更宽广，去做了，永远比不行动更能靠近成功。

没有人可以把所有想要的都抓在手里，有舍才有得，任何一种选择，其实都是最好的选择。这一辈子，我们会遇到的人、会经历的事，有太多太多了，当下是大事，多年后也成了小事，如今是难忘人，多年后爱恨可能也不过酒一杯。

我知道，生活总在催着我们长大，我们匆匆忙忙地做了很多选择，偶尔回头望望，总有遗憾难以释怀。

我们都是矛盾的，希望事事顺心，但又不愿平波无澜，盼着进取勃发，又对未知本能地感到恐惧和担忧。每一种情绪都在说话，此消彼长，最终让我们成了现在这样，也许并不是自己喜欢的样子。

但这一生，你我都只买到了单程票，过去的每一分每一秒都无法重来，比起遗憾和懊恼，更重要的是学会舍弃和沉淀，因为我们一直都在出发。你要记得，没有别人可以左右你的快乐，也没有别人可以决定你的难过，快乐还是难过，这道选择题的答案，不在别人手里，只在你心里。

漫漫前路，大好光阴，无须感慨，学会包容自己的情绪，在安静时疗愈，在苛责里原谅，在悲喜中前行，在经历中成长。

想开些，天晴着呢。

生气，见人品

有天和朋友聊天，他说自己刚刚被噎了一顿，心里正闷着呢。

我问他怎么了，朋友说："下午和一个平时在微信上挺聊得来的伙计一起出去吃饭。服务生上菜的时候不小心趔趄了一下，蹭到他身上一点油。其实真没多大点事儿，而且服务生也第一时间道歉了。没想到他勃然大怒，恶言恶语直接把人家骂哭了。我拦了拦他说算了，别因为一点小事影响心情，他居然连我一起骂，说我不懂他，居然帮着外人说话。我也真是无奈了，感觉对他的好印象一下子降到冰点，没法相处了。"

我劝朋友："别生气啦。也算借一点小事看清人品，知道对方是什么人了，以后少相处就是了。"

朋友也说："是啊，我就是很诧异，平时聊天觉得他是个挺有礼貌的人，真没想到会这样。本来约他见面吃饭是想聊聊可以一起合作的事，现在觉得，还是算了吧。"

人家都说，生气的时候最能见人品，这话真的不假。有些人平时文质彬彬、谦逊有礼，其实不过是装出来的表象，但凡遇到一丁点不顺心事情，就大发脾气，甚至蛮不讲理，立马露出了自私的真面目。

有位心理学家曾说："我们从愤怒中带来的每一个打击，最终必然落到自己身上。"生气时候的态度，会影响很多事情的走向，进而影响与他人的相处，甚至影响一生的轨迹。

所以啊，既可以借生气这件事看清很多人，也要记得时刻自省，别让生气时候的状态，成为自己的短板。

说到生气，我就想起之前有次和另外一位朋友逛街时发生的不愉快。

周六正值出行高峰，出来逛街的人很多，地下停车场的车位满了，在路边转了好大一会儿才等到一辆车开走。朋友刚要把车停过去，斜旁边就开过来一辆车，一个女人放下车窗，急急咧咧地说这车位是她先看到的，车都拐过来了。

我说："你是紧跟着我们旁边开过来的，哪来什么捷足先登之说，我们都快开进去了。"朋友看周围恰好有个刚空出来的位置，就隔空指了一下说："那边有车位了，要不您停那边吧，也不远。"

没想到那女人不依不饶，说我们不懂事，明知没理却不讲理，真是让人恨得牙痒。

朋友却笑了笑，主动把车拐了个弯，停到了稍远一点的车位，那女人没了还嘴对象，反倒愣了。

我对朋友说："太气人了，一言不合就人身攻击，什么素质嘛！"

朋友说："咱是出来逛街的，又不是出来跟人吵架的，脾气坏的人自有天收拾，关咱什么事儿。走，我请你吃大餐去！"

后来每次想起这件事，我都觉得朋友的处理方法干脆而不纠缠，真的是再妥当不过了。

这样的冷静和理智，着实让人佩服，也难怪共同好友提起她的时候，都是清一色的夸奖和欢喜。斯威夫特有句话说得好："屈从于愤怒，常常就是为他人的罪过向自己复仇。"

其实生活中很多时候都是这样，非要去争个是非对错，不过是把自己拉低到和对方一样的素质线上，当时有多"慷慨激昂"，冷静下来就会觉得有多羞愧。回过头来想想，如果你是错的，那你没资格生气；如果你是对的，那就更没必要生气。说白了，不过是被情绪绑架，为难自己罢了。

生气，最能见人品。比起那些一言不合就暴躁的人，那些在愤怒中仍能保持理智和温和的人，确实更有头脑，值得深交。

昔日寒山问拾得曰："世间有人谤我、欺我、辱我、笑我、轻我、贱我、恶我、骗我，如何处置乎？"

拾得曰："只是忍他、让他、由他、避他、耐他、敬他、不要理他，再待几年，你且看他。"

那些控制不了自己情绪的人，总有一天会为情绪所累。就像朋友说的，脾气坏的人，自有天收拾，而我们该做的，是不拿他人的错误惩罚自己。面对任何事，都冷静对待，既不盲目善良，也不做情绪的奴隶。

再深的伪装，总有一天也还是会被拆穿，只有真正从内心保持修养和善良的人，才永远都可以平和坦荡，做最真实的自己。

世间之事，大的小的都会过去，倒不如看开那些琐事，一笑而过，做个宽容大度的人。

与君共勉。

把最好的情绪，留给最亲的人

“问问问，你能不能别问了？能不能让我安静一会儿？我下班晚一会儿怎么了？今天已经够烦的了……”

走廊拐角，公司里的小何正对着电话抱怨，一回头看见我，有点不好意思地解释：“我媳妇，一直问我啥时候到家……”如果不知道内情的旁人看见这一幕，可能会觉得小何是一个不疼媳妇的人。但实际上完全相反，小何对媳妇很好，就是脾气暴，长了一张刀子嘴。

细心观察过一些人，我发现不只是小何，其实很多人都容易在无意间把负面情绪发泄给那些在乎自己的人。

在公司彬彬有礼，对待陌生人笑脸盈盈，回到家关起门却没了耐心，一言不合就对家人恶语相向。好脾气都留给了朋友、同事，唯独把最坏的心情留给了亲人，嘴上却还在逞强：“我在外面已经够累了，难道在家里还不能放松一下吗？”

可仔细想想，这样真的对吗？

周国平老先生说：“对亲近的人挑剔是本能，但是克服本能，对亲近的人不挑剔，是一种教养。”我们不应该仗着在乎和珍视，就忘了彼此都是互相独立的个体，没人有义务成为他人情绪的宣泄口。

这世上有成千上万种爱，但从没有一种爱是理所当然。爱从来不是伤害的借口，更不是无论做什么都应该被原谅的理由。

看过一条让我印象很深刻的留言，一个叫琳琳的女孩子说："我这辈子迄今为止最后悔的一件事，就是妈妈走之前，还在跟妈妈吵架。"

当时她读大学，假期在家，临返校的时候妈妈一边替她收拾行李，一边叮嘱她要照顾好自己。因为她平日里生活习惯不好，爱吃油腻辛辣，作息也不规律。妈妈着急之下语气也拔高了几个度，琳琳心中烦躁，顶嘴几句，两人就吵了起来，不欢而散。

回校以后，琳琳心中带着气，也没有主动给妈妈打电话。可才不过半月，琳琳接到家里的电话，说妈妈突发心脏病，不知道还等不等得及见她最后一面了。恐慌、无助、悔恨，这些情绪交织在那趟返程中，等她回到家，妈妈还是不在了。

琳琳说："我没想到这辈子跟我妈说的最后一句话居然是：'你能不能不要老是这么烦啊……'"

独木舟说："往昔所有的轻慢和忽略，所有自以为来日还能弥补的遗憾，终究随着逝者的离去，成为永远的来不及。"身边的亲人，拥有的物件，你所看到的一切，说不定哪天就会消散，到那时候再后悔从前的所言所行，也终究只能抱憾终身。

一天一天，一年一年，属于我们的时光越来越少，人生的路对我们来说也是越来越短，所以，好好珍惜爱和相逢吧。

生命来来往往，来日并不方长。那些看似不起眼的经历，也许就是你以后最想留住的时光。那些对着亲爱的人说出口的伤人的话，都是双刃剑，就像钉子钉入木桩，也许事后你道歉了，把钉子取下来了，可那创口已经产生，永远都无法复原了。

有些遗憾，终其一生都是无法弥补的。

这世上总会有很多无可奈何的事，也会有很多理解不了的人。

每个人都有自己的活法和命运，每个人都有自己的性格和优缺，所以我们总是说，“人和人，总是刚认识的时候最好”。你对陌生人的善意，对方也许会感激一阵子，但总有很多相见恨晚因为一点点不如意，到最后就累了相遇，疲了相逢，成了老死不相往来。

唯有家人、亲人、爱人，他们愿意用一生呵护着你，包容着你，因为他们才是茫茫人世间能够时时念着你、愿意去懂你的人。这样的人，才是你最该珍惜的人啊。伤了他们的心，也许他们不说，但是他们也会疼啊。

周国平老先生还说了这样一句话：“对待外人的彬彬有礼，有可能只是处世的圆滑，而将好情绪留给爱的人，才是深入骨髓的教养。”千万记得，不要把耐心和宽容留给了陌生人，却把最糟糕的一面展示给最爱的人。世界很大，唯有家是港湾。遇见的人很多，但能陪你一辈子的，只有家人。

爱是宽容，但并不意味着我们可以借此一味索取；爱是忍耐，但从不意味着我们可以借此肆意妄为。凡事都要有度，相互指责，相互抱怨，争论谁对谁错，这些真的没有意义。明明彼此依赖，那就不要给爱包裹上厚重的刺，不要让双方都遍体鳞伤。

人只有一辈子的缘分，无论这辈子多相爱，下辈子都不会再遇见。所以在一起的时候，一定要好好说话，好好相处，好好珍惜。我希望你明白，爱从来没有对错之分，对相爱的人存一颗必输的心，也真的一点都不丢人。

时刻提醒自己，一定要把最好的情绪，留给最亲的人。

第二章

人生不过三万天，早安午安和晚安

你是在什么时候发现自己长大了？

可能也是在某一天，发现原来自己对那么多难以接受的事情都无能为力的时候。

有些人，一旦错过就不再

“你还喜欢他吗？”

“喜欢啊。”

“那你们，还会在一起吗？”

“不会了。”

你是在什么时候真的觉得自己长大了？也许是在某一天，发现原来自己对那么多难以接受的事情都无能为力的时候。

以前会觉得，如果真的爱一个人，在一起一辈子就是水到渠成的事情，如今却对电影《人潮汹涌》里的台词感同身受：“我不想被物质打败，但也绝不会再相信纯粹的爱情。”

这个世界上，不是所有故事都能有机会画上一个圆满的句号。和某个人走到分岔路口的时候，多的是遗憾和不舍，终究却也只是无可奈何。

后来你看这世间，互相喜欢的人不一定在一起，同一屋檐下过着日子的，也不一定是真正相爱的人。

“喜欢、合适和在一起，原来是三件截然不同的事情。”

前段时间我在网上看到一个问题：“倘若有一天，那个人重新站在你面前，你最想说的话是什么？”

有一个人回答说：

“我想告诉他，我准备放下了。

“那些跟他聊过的关于未来的期许，我会一个人慢慢去实现。我也会在未来的某一天，相一场亲，选一个合适的人结婚，在合适的年纪生个孩子，再慢慢陪着孩子长大。

“只是这一切，我往后人生的每一天，都与他无关了。”

我突然想起之前我发了一条视频，问大家：“如果你遇到前任，第一句话只能说四个字，你会说什么？”那天的评论很精彩，有人说“好久不见”，有人说“过得好吗”，也有人想起伤害过自己的人，觉得说不出什么好话。

但是那天，有一条评论说：“其实我会想要告诉他，我还喜欢他。可是我知道说出来没有用，那我就不说了。其他的话都不是我的心里话，而我的心里话也不能说给我的心里人，所以，我会选择沉默。”

这世上啊，多的是遗憾，少的是圆满，多的是内疚和悔恨，少的是后知后觉的珍惜和在意。

最开始的时候红着脸说“我愿意”，是真的觉得和眼前那个人在一起，余生都会是值得的；后来也只能红着眼笑着安慰自己，誓言这个东西，也只能证明在他说出口的那一刻，彼此是真诚的。

我们听了很多道理，可直到自己撞到南墙才会明白：

“我喜欢你”和“我还喜欢你”，差一个字，就差了十万八千里。

“我喜欢你”和“我喜欢过你”，差一个字，横亘的是跨不过的时间和距离。

去年四月某天，我在微博收到一条私信，有人问我：“有过一次说走就走的旅行吗？”我回：“现在算吗？我在泸沽湖。”

他问我：“有什么适合情侣去的地方吗？”我说，云南就很好，风也温柔，花也好看，还特意嘱咐了一句：“泸沽湖很美，时间充裕的话一定要来。”

时隔一年，凌晨两点，我又收到了他的私信。

“还记得去年跟你提过的那个，想带她去云南的女孩子吗？”

“她结婚了，就在昨天。”

和一个深爱过的人分开是什么感觉？是遗憾，是不舍，是留恋，是愤恨，是不解，是无助……也会想，如果能重来一次，我们是不是可以更成熟地对待彼此的关系？是不是我可以以更温柔的姿态去理解你，是不是你可以以更包容的态度来珍惜我？

可惜啊，人生没有如果，只有后果和结果。回不去的，就是回不去了。

后来，学会了如何去爱，懂得了好好珍惜，拥有了对喜欢的人好的能力，却早已失去了曾想共度一生的那个人。

后来，才终于明白，生活中很多事情都是来不及的，有些人，一旦错过就不再。

最近我很喜欢一句话："我们跟一个人相处，不是在评价他，而是在塑造他。"我们跟一个人在一起，其实也不是在寻找什么，同样也是在塑造自己。

经历过了就会明白，永远不能高估自己在一个人心里的地位。"情深不寿，慧极必伤"，感受过了就会懂得，绝大多数的遗憾，都是只能回头看，却永远都不能再弥补。

人生就像一张网，你和很多人从不同的路上来，交汇于一点以后，还是要走上不同的路，告别了，此生就可能再无重逢。再难过再无助，也别无他法，甚至日后你想起来会有点后悔，当时没有笑着跟他说再见，没有告诉他："不顺路了吗？那就祝你：早安、午安和晚安。"

所以我唯一能讲的，就是好好道别，因为人生多别离，有些话当时不说，可能以后就再也没机会了。该拥抱的时候不要只是挥挥手，该亲吻的时候不要担心晚霞不够温柔。

还有一句想要提醒你我，就是一切终究会过去。无论是谁离开了，你都还要陪着自己大步往前走，既然都是要走，那么就走得坦然一点、好看一点、坚定一点。

谢谢你来过，谢谢你爱过，那些温柔和爱护都是真的，我都记在心里呢。只是山长水远，散了场的人，就没办法再到同一盏聚光灯下了。

很希望你可以永远都不必知道感情里的失望和遗憾是什么滋味，可如果上天不垂怜，那就希望你们，在没有彼此的日子里，也会过得心意顺遂吧。

爱不爱，吵架见分晓

有天晚上，我在公众号后台看到一位女生的留言："我和男朋友一起出来旅行，那会儿我们吵架了，他在大街上吼我，然后就一走了之。

"已经过去快一个小时了，他没有回来找我，也没有给我打电话，可能还是在等我像以前一样主动找他吧。我突然觉得好累，想放弃了。"

我想很多人都是这样吧。在决定转身之前，都一定是在冷风里站了好久。

其实爱情里没有对错可言，总是先服软的那个人，只不过是更在乎这段感情罢了。可这绝不是谁肆无忌惮伤害对方、谁理所当然等着对方主动的借口。

每个人都是独立的个体，分歧和争执在所难免。不同的是，有的人会让吵架变成感情的催化剂，助双方在磨合中找到彼此之间的默契；有的人却像是一把钝刀子捅进爱人的心里来回拉扯，爱得深的那个人，伤得也最痛。

看一个人爱不爱你，不是看他平常日子里对你好不好，而是看吵架的时候，他对你的态度。

爱不爱，吵架见分晓。

想起之前另外一位读者发给我的倾诉，她说，第一次心里萌生了如此强烈的想离婚的念头。

事情是这样的，家里空调坏了，她喊了人下午来修，正巧老公在家，就把对接维修师傅的活儿交给他了。晚上回家，她问老公："空调修好了吗？"对方忙着看电视，简短地回答："好了。"她再问："钱给了吗？"对方的声音中已经有隐隐的不耐烦："给了。"

可她伸手打开空调，却发现依然是坏的。"这不根本没修好吗？怎么就把钱给了？而且你还说已经修好了？"她也有点生气。

"刚才打过电话了，他说明天再过来看一下。行了，别嘟囔了！"对方的回复依然简单，但音量已经拔高，不耐烦之意表现得非常明显。"那他下午来修了什么？什么叫我嘟囔，我问两句怎么了？你吼什么？"

之后的争吵基本也就是在重复之前的对话。最后，和从前很多次一样，男人怒气冲冲地起身，一脚蹬上鞋子，就逃也似的摔门而去了，留下她一个人对着突然安静下来的房子。

她想："怎么想好好说个话，就这么难？"

人有七情六欲，免不了会有暴躁生气的时候，更何况是面对最亲最爱的人，很多小缺点也会被无限放大，成为争吵的导火索。

但我想，比起连话都不愿意说，愿意吵上一吵倒至少还是抱一点希望的，至少彼此之间还有那么点互相消磨时间的情分。所以关键的不是避免争吵，而是如何去处理矛盾。

电视剧《人民的名义》中的达康书记和剧中的妻子欧阳菁，其实在现实中也是夫妻，但他们的相处模式远比剧中要默契温润得多。

一次采访中，欧阳菁的扮演者岳秀清谈起和丈夫有争执的时候会怎么解决。她说："他发火了我不会再去跟他硬碰硬，这样俩人就吵不起来了。等这阵儿过去，待一会儿他也好了，然后他会买我爱吃的。"办法看似简单，实际真正能做到如此的却很少，不然也就不会有那么多暴躁争执和口不择言了。

像岳秀清夫妇这样，不把劲儿用在吵架上，不吵到筋疲力尽，耗尽所有的爱和耐心，而是在愤怒的时候各退一步，冷静下来，再大的怒气也会慢慢消散。好的感情基本都是这样的。生气时候产生的所有情绪和冲动，都比不上对另一半的在乎。

那个在生气时还能照顾到你的情绪的人，那个也许会和你吵得脸红脖子粗，放狠话说再也不管你，但在你每一个失落彷徨、纠结痛苦的人生低潮点，总是不离不弃陪着你，给你鼓励和无条件支持你的人，一定是真的、真的很爱你。

吵架不可怕，可怕的是留不住的心，这才是最让人无奈和绝望的。感情就像一架天平，只靠一方主动和死撑，无法长久。要想维持稳定，必定是互相体谅、共有进退的。

不爱你的人，连话都不想和你多说一句；只有爱你的人，才愿意和你争吵磨合。争吵以后还有想要爱你的冲动，这是爱情最现实的模样。

所以，好好珍惜那个就算吵架也不忘抱紧你的人。也时时记得，要一起白头偕老的人，何必事事计较，拥抱能解决的事就别用嘴去争执。

对爱的人存一颗必输的心，不丢人。

厨房的温度，就是家的温度

闺蜜可可结婚的时候，让我们几个朋友在微信群里一起帮她参谋参谋新房的装修风格。我们都觉得要把阳台和飘窗设计得用心一些，只有结了婚的阿肆说："先别管其他的，厨房一定要够大够宽敞。"

朋友们不明所以："为啥呀？难道要可可结婚之后天天围着厨房转吗？"可可倒是发了条语音，说关于厨房她和男朋友也是这么想的，要够敞亮，才有烟火气。

似乎感情好的夫妻，都对厨房格外钟爱，喜欢那种"一房两人三餐四季"的踏实感。彼此一起尝试新的菜谱，一起做出热气腾腾的饭菜，把爱意都藏在了柴米油盐里。

前些天去表姐家做客，我坐在沙发上逗小外甥，表姐和我说了几句话就又抓了把瓜子儿跑到厨房看表姐夫做饭。我来过表姐家好多次，都是表姐夫亲自下厨。平日里也是这样，他们很少出去吃饭，一家三口出去逛街玩耍，总会提着菜回来。表姐夫负责做饭，表姐就在一边絮絮叨叨，说一些家常琐事。

表姐说："以前我们还没买房子的时候，租了个一室一厅，厨房的空间很小，俩人就活动不开，洗碗什么的更不方便。但他总是喜欢做饭给我吃，变着花样儿研究好吃的。我跟他住在一起不到半年，就胖了十多斤。”

我想可可和她的男朋友大概也是这样的，所以才会在装修的时候首先想到厨房。

山珍海味，不如爱人洗手做羹汤。

阿肆家离我的公司不远，隔三岔五她就会煲汤给我送过来。有次我打趣她：“你怎么这么爱做饭，活脱脱成一名家庭主妇了，我这也算是沾了你老公的光了。”

阿肆却笑说：“我喜欢做饭给喜欢的人吃，老公也好，你也好，不愿意让你们吃外面的饭，做的不用心，吃起来也不够有营养。”

我第一次去阿肆家的时候，就被她家的厨房惊艳了一把。

锅碗瓢盆样样俱全，但难得的是干净整洁，连垃圾桶里躺着的鸡蛋壳都多了一分可爱。厨房里并不是那种常年不开火的“新”，而是处处彰显着主人的生活小心思，整体看起来特别敞亮、特别温馨。

阿肆说：“一般是我做饭他刷碗，家里来客人或者逢年过节他会下厨露一手。我俩都有个习惯，做饭的时候总喜欢在起锅之前让对方尝尝咸淡，都结婚好几年了，还喜欢互夸互怼。”

我看着她幸福的笑颜，默默吃下一大把“狗粮”……

小时候在纸上画房子，总忘不了给房子画上个烟囱，总觉得少了烟囱，这房子就不像样。

后来有了喜欢的人才明白，房子里最不能缺的不是烟囱，而是那种烟火气儿，是那种热气腾腾的幸福感。

好的感情一定离不开吃饭穿衣这样的日常琐事，一个家最美的状态，就藏在柴米油盐里。有个愿意和你一起做饭吃饭的伴侣，才好度过温暖余生。

我见过不少相爱夫妻的相处模式，也听过很多感情不幸的生活经历，越发觉得，厨房的温度，就是家的温度。

那些总是各吃各饭、各睡各觉的，或是只有一个人在厨房忙碌，饭菜热了几遍都无人共享的，家里总是少一些温暖，多一分冷清。最亲密的人之间没有那种温润默契，反而有些尴尬生疏。

爱不只是和你逛逛街，跟你说说晚安，而是陪你看日出日落，和你一起吃很多很多顿饭，说很多很多的家长里短。

感情好不好，看厨房就知道了，烟火气越足，幸福感就越足。

余生，愿你爱有所依，有个贴心的爱人、温暖的厨房，一起经营幸福的家。

愿意说话，是感情中不可或缺的存在

有位读者在微信公众号后台留言，她说翻了翻自己和老公的微信聊天，明明是家常话，却简短得像陌生人。

“今晚回来吃饭吗？”

“不回。”

“几时回？”

“忙。”

结婚十年，从热恋时候无话不说，到现在已经无话可说。

“失语症”好像是现在很多人的恋爱和婚姻正在面对的问题。偏偏面对这个问题，大家的解决办法总是像小孩子赌气一样，你不问我就不说，你不说那我也不说。等到最后，缘分消耗殆尽，感情也所剩无几，回头望望，满目苍凉。

明明曾是最爱的人，是这世界上几十亿与自己没有血缘关系的人中最亲密的一个，怎么到后来，却生疏到不得不离开。

错的不是时间，也不是距离，而是那两颗从前努力尝试着渐渐紧靠的心，越来越远了。

人生本就孤独，相爱的意义在很大程度上就是两个字：陪伴。如果连睡在一张床上的两个人，彼此心都像隔着一片海，那一定是比一个人的孤独还要孤独的事。

愿意说话，能主动聊天，真的是感情中不可或缺的存在啊。

我身边有一对结婚几年的朋友，从校服到婚纱，他们认识的时间有将近十五年了，每次凑到一起，他们总是一如既往的默契，面对彼此时的笑容也只增未减。

前段时间我去他们所在的城市出差，顺道约着见面吃饭。在饭后沿着江边散步的时候，我忍不住问他们，有没有什么婚姻保鲜的秘诀。

他们先是相视大笑，然后笑嘻嘻地说："秘诀算不上，只能说是一种习惯吧。"

其实他们工作都很忙，并不是24小时都能待在一起的。但每当他们空闲的时候，就会在微信上聊天，问问对方想吃什么；午饭的时间就打打电话，猜测家里的懒猫和大狗是在睡觉还是在打架。

他们总是会对接下来的共处时间做出期待和构想，比如："晚上你想吃什么？要不我们去菜市场买菜做饭吧，我想吃你做的宫保鸡丁。"这样就算两人下班后都累得不想动，没去成菜市场，彼此之间也有特别多要说的话，比如今天领导又安排了什么任务，今天在公司里发生了什么好玩儿的事，今天刷到了一个特别有趣的视频……还有："今天我依然很想你，来，抱一抱。"

他们从不会吝啬表达爱和想念。

朋友说："就一点，交流真的很重要。两个人既然能在一起，就肯定没有什么深仇大恨，就算有争执，也往往是态度问题。彼此都那么熟悉了，先抱一抱再认真谈一谈，没有什么过不去的坎儿。"

是啊，欢喜有人分享，喜悦就会加倍；悲伤有人倾诉，难过就会减半。心里的话，甜也好苦也罢，总要告诉爱人啊。而且，有很多话，也只能说给枕边人听。

生活中有事做，和爱的人有话聊，对未来有所期待。我想，这大概就是一个人最好的生活状态了吧。

去年年末，我去了趟厦门，又坐一小会儿船，到了鼓浪屿。

这是一趟末班船，上岸已经是晚上十点多。民宿的位置比较靠里，一个人越往里走就越安静。只有一些海鲜饭馆和堆积着各种吃食、日用品的杂货店亮着灯，不算宽的巷子里还随意摆放着一些马扎和凳子。喧嚣过后，更显安静。

我突然听到一声小小的惊呼，从前面不远处的一个岔路口传来。我快走几步，探头一看，一个女生蹲在路灯下，笑眯眯地逗着一只大橘猫。她旁边还站着一个男生，微微歪着头，温柔地看着女孩儿和猫。

女生说："你抬头看，那边屋顶上有好几只猫在排排趴！"男生兴致满满地回答："怪不得你一直说想来鼓浪屿，真的有这么多猫啊，一点都不怕生，跟你一样可爱！"

太甜了，我笑着走开了。

遇到的人越多，就越觉得，能找一个愿意听你说话，也愿意陪你说话的人，是一件多么难得的事。这样一个人的存在，就像一束光，让你总能深深地感受到，你被这世界善待着，你被一个人温柔地爱着。

《经过》里有句歌词："若我爱你的方式，已不同开始，不如我们变换下位置，看一看原来它的样子。"感情要出现裂缝的时候，你们其实是能感受得到的，这个时候不妨想一想从前分享过的那些小确幸。

买的杂粮煎饼里摊的是一个双黄蛋，下班路上一只猫从身边路过还慵懒地蹭了几下，还有睡觉的时候，做了一个怪力乱神的梦……哦，还有，天上那朵云，像极了一只小熊，小熊像极了你，我可能是太想你了，所以看云都像你，听风都是你。

其实啊，树叶不是一天就枯黄的，人心也不是一天就变凉的。如果可以，别只是路过一场，予我空欢喜。

做电台、写文章这几年，我看了很多故事，也听了很多倾诉，尤其是结婚多年的夫妻，彼此之间似乎就只剩下了孩子这一个牵绊。

她有些新鲜事想和他分享的时候，他总是一边玩手机，一边有一搭没一搭地“嗯”着，完全跟自己不在同一个频道上；她有时候想跟他谈一谈孩子的教育问题，想和他说说要还的贷款、今年的攒钱计划，他却永远都是翻个身直接打断她：“赶紧睡吧，都几点了。”

她想起孩子没满周岁的时候，自己晚上经常做噩梦，平时也总是胡思乱想，有几次她从夜里惊醒，想喊老公起来跟自己说说话，对方却每次都是抱怨她，说她不体谅人，后来干脆搬到次卧去睡了。

“孩子他爹”与“孩子他娘”，多好的情侣名啊。两个人之间都能有一条生命在牵扯着了，怎么就不能多说说话呢？过得来就处，过不来就好聚好散，最怕的就是拖着，尴尬着，煎熬着，消耗着……

跟相爱的人多聊聊天，服服软，真的没什么丢人的。真正丢人的，是在漫长的流年和岁月里，你弄丢了自己最爱的人。

没有一份离开是突如其来的，但这也同样意味着，早一点把拥抱给对方，多一点长情陪伴，一切都还来得及。面包掉了，就算捡起来也于事无补，还在手里的时候，就要好好攥着，别让它轻易掉了。把爱和默契放到一日三餐里，放到每一次分享和倾诉里，也放到每一次的耳鬓厮磨里。

谁的陪伴和付出都不是理所当然的，感情里的双方，一定要互相有回应，才能长久。多一点体谅，少一点责备，多一点交流，少一点冷漠。生活中哪怕有再大的坎坷，和相爱的人携手一起，也总能度过。

所以，别让爱你的人，在沉默中彻底攒够失望选择离开。好好珍惜那个愿意陪你说话的人，也要主动一点，给爱你的人多一点回应。

从前无话不说，如今默契依旧，才是大家期待的事情啊。

去爱一个让你笑的人

有一个很甜的小故事。

男人说："昨天和老婆下象棋，五招之后我便胜局在望。老婆把脸拉长了，硬说马可以走'田'字，因为是千里马，我忍了；又说兵可以倒退走，因为是特种兵，我忍了；还非得让象过河，因为是小飞象，我也忍了……最震惊的是她说炮是高射炮，所以面对面都能打；车也可以拐弯，还说哪有车不能拐弯呢。我全都忍了，继续锁定胜局。但是最后，她竟然用我的士，干掉了我的将，说这是潜伏多年的卧底，就等这最后一击。她赢了，然后她愉快地去洗衣服了，留下我苦笑着收拾残局。"

字里行间可可爱爱，作为旁观者都忍不住咧开嘴，更何况是置身其中的两个人呢？相处舒服的感情，才能让人笑得出来。都说幸福难得，可幸福往往就藏在最平淡的生活琐碎里。

世界偌大，如果有人可以和你携手同行，彼此之间多一分理解和陪伴，那么不管生活会变得怎样一地鸡毛，你们都可以携手同心束起一簇鸡毛掸子来清扫那些不开心。

跟一个能让你笑的人在一起，互为软肋，亦是盔甲。

两个人在一起，说白了还是为了舒心。如果生活不舒心，柴米油盐酱醋茶，样样都能让人变得麻木。而如果生活舒心了，为君洗手做羹汤是甜，斗嘴吵架也是彼此之间独一无二的甜。就像这个小故事里的男人，他当然可以反驳自己的老婆这样做是不合规则的，但既然她开心，破例就破例了呗。

对爱你的人来说，你永远比道理重要。如果让着你会使你开心，那我就让着你，只要你高兴，让你一辈子又何妨？

想起一句话是这样说的："当一群人大笑时，每个人都会先看向自己喜欢的人。"看到这里，你心里想起了谁呢？

人生一场，选择和谁在一起真的不一样，而且，这个选择真的很重要。有很多爱情都是开始时红着脸，后来却红了眼。开始时，以为结了婚就是有人和你同担风雨，可日子越过越发现，那些大风大浪，都是那个曾说要给你幸福的人带来的。

其实分开不难过，在一起不开心才难过啊。比起轰轰烈烈、大喜大悲，更合适的还是那个多年以后依然能让你笑着说出"我愿意"的人。婚姻的确是一座需要用心经营的城池，但它毕竟也是生活的一部分。做人嘛，当然还是开心最大了。

爱对了人，这城就会繁花似锦，春意盎然，你们守护着彼此的笑容，简单轻松又自在，如何不长久呢？

那个愿意逗你笑的人，一定是爱你的人，而那个能够逗你笑的人，一定是懂你的人。这两者都兼备的人，就是你生命中最对的那个人。

要珍惜，因为真的很难得。

关于到底什么样才是好的感情，一千个人心里有一千个答案。

人有不同，但开心总是相同的。如果你和一个人在一起，眼泪比笑容多，那又何必为难自己呢？反之，笑容比眼泪多，你也不需要患得患失地反复追问对方到底是不是还爱着自己。

烤火的人，是不会问温暖是什么的。被爱的人，最懂爱的滋味。

有段话说得好："不够爱你的人，只希望你听话成熟、懂事温柔、体贴稳重；而爱你的人，他只希望你开心。因为珍惜，所以愿意一直宠着你，让你在他面前越来越像个孩子，偶尔傻里傻气，偶尔搞怪可爱；因为懂得，所以愿意做先服软认错的那个人，因为他知道，你开心以后也会反思自己的问题。"

笑点不低，但是一想到你就会笑，一见到你，就想笑着去拥抱你。因为开心，所以愿意；因为愿意，所以开心。如果要跟一个人在一起，那就一定要和那个光是想到名字就让你忍不住笑起来的人过一生。

不用刻意找话题，不会因为半小时没回消息就坐立难安，不至于心里装满了一个人以后就失去自己。

希望你们长长久久，喜乐顺遂。

有些人，共度余生就算了

在微信上被问到过这样一个问题："茶茶，你说人真的能忘记自己爱过的人吗？"

看到这个问题的时候，我想起一段对话：

"随着时间的流逝，我们终究会原谅那些曾经伤害过我们的人。"

"那不是原谅，是算了。"

感情其实也一样，很多故事到最后不是忘了，而是算了。

佳佳在大学时候喜欢的男孩子，前不久结婚了。昨天晚上她给我打电话说，之前在共同好友的微信朋友圈里看到求婚实况，他捧着好大好大一束红玫瑰单膝跪地，对面的女生笑得温柔，眼睛里像藏着星星。

佳佳说："以前我看他的眼神也是那样的吧，不过他从来都没送过我花。"话里听得出一点落寞和自嘲。

我问："你不会还没放下吧？都过去这么多年了。"

她笑着说："其实现在想想，他真的挺普通的，对我也算不上好，真不知道我喜欢他什么。可毕竟是喜欢过啊，是设想过未来的人啊。"

之前她刚失恋的时候，也是半夜给我打电话，接通后什么都没说先哭了十几分钟。那个时候她问我，为什么明明自己已经为他改变了那么多，他还是不冷不淡；明明自己只是赌气提了分手，怎么他就顺势放手了。

我没法回答这个很多人都想不通的问题。

有些人出现在你生命里，注定就是一场遗憾，本就合不来的两个人，最开始时的那点心动和喜欢，是熬不过矛盾里的来回拉扯的。每一个在爱情里受过伤的人，自愈以后都会想明白这个道理。

只是就像佳佳说的，毕竟是爱过的人啊，多年后听闻他的消息，心里怎么会全无波澜呢。

但是有些人，爱过就够了，共度余生就算了。

所有分开，其实都是有理由的，感情里仓促的离别，本也就没什么重逢的必要。

有天晚上，我处理完工作的事情已经是夜里两点半，抬起头活动活动有点僵硬的脖子，拿着手机起身到窗边吹风。随手点进微信朋友圈，猝不及防被朋友落寞的伤感揪住了心。

阿九发了一条动态，时间显示一分钟前，内容是："刚刚定下去日本的机票，一个人。心里有点空落落的，因为我觉得，应该可以是两个人的。"

《春光乍泄》里有句台词："我突然想起何宝荣，我觉得好难过，我始终认为，站在这儿的，应该是两个人。"

曾经无话不说，后来只剩算了，那些说好要两个人去实现的梦想，怎么悄无声息地就散在时光的风里了？怎么曾经分享过那么多大事小情的人，后来连在街上碰到面，都要低头假装没看见而匆匆路过呢？

人是感性的动物，越不说话，就越没话说。也许在那次我没问，你也没解释时，就已经为今天的一切埋下伏笔了吧。

"离开"这张车票，是由无数枚叫"失望"的硬币拼凑出来的。决定转身之前，你是真的在冷风里站了很久，也等了很久啊。每一次敷衍，就让你咽回一句心里话，每一次漠然，就堵塞一次你想倾诉的欲望。像一小捧一小捧的沙子不断覆盖，最后就把一段关系埋藏了。

我记得网络上有一个辩题。大意是说，前任有了新欢，如果有一个"鸡飞狗跳"的按钮在你面前，当你按下去，他们的关系就会产生一些麻烦。你要不要按？那期内容看得我挺矛盾的，不按不解恨，按了又觉得没意思，到最后也没有一个坚定的答案。

我关上电脑去买了一杯奶茶，在第一口吸到珍珠的时候我突然明白，所有的答非所问，其实已经有了答案。就算真的有这样一个按钮，最终我也只会是"算了"。

两个人选择在一起的那一刻，至少彼此是心动的；两个人选择分开的那一刻，也只能说明心动过，现在结束了。相遇和别离都是人生常态，那么陪伴的概率也注定最多是一半。

出现在你生命中的每一个人，其实都教会了你一些东西，无论他陪你走多久。所以比起疑惑分开，我更愿意把时间拿来感恩陪伴。

山水一程已是难得，不顺路了，那就挥挥手说再见。时光总会治愈那些遗憾，我们身边也都会再有新的欢喜和憧憬。

人山人海，谁不是边走边爱。

太宰治在《人间失格》里写道："若能避开猛烈的欢乐，自然也不会有很大的悲伤来访。"

诚然，不对任何一个人、任何一段关系抱有过高的期待，从理论上来说的确是一个行得通的路子,但从实际上来讲却行不通。

我们都是凡人，习惯成自然，一点小欢喜也容易被放大成凭空的期待，最后反噬成翻倍的失望。想少吃一点感情的苦头，那就多一点沟通，别在固执的沉默里任凭两个人之间的隔阂越来越深，最后拼尽全力伸长了手指也不能触碰到对方。

季节轮换，深夜的酒好不好喝已经没那么重要了，我们更希望清晨的粥滋味更温柔一点。后来的我们都变得不再那么执着于喜欢和告别，因为会慢慢明白，只靠喜欢就能在一起，可要想长久，还需要双方合适。

过去的终究就是过去了，该放下的人和事，就算了吧。一辈子就这么长，感情也好生活也好，没有什么比自己舒心更要紧的了。就让忙碌和早睡，治愈大多数的情绪泛滥吧。

一辈子还长着呢，以后不要再为谁委屈自己了，也不要再把时间浪费给不值得的人和无意义的事了。

别弄丢爱你的人，也别让失去教会你爱

刷微博的时候，我看到柚子更新了一条动态：“每天都会点开你的头像好多次，翻看你的朋友圈，我却连点赞的勇气都没有。你难过，我就跟着难过，你开心，我却遗憾你的开心再也与我无关。”

柚子刚失恋的时候，在我面前狠狠地哭过一回。她说后悔自己在感情中太过骄纵，明明也很爱对方，却总是嘴上不饶人，几次三番，最终亲手推开了那个对自己好的人。

电影《夏洛特烦恼》中的夏洛和马冬梅也是如此。在梦里，夏洛弄丢了对他好的人，再也找不回来，好在梦醒了一切都还来得及，他还可以用余生，好好珍惜那个为他付出、对他好的冬梅。

电影中，失去的可以找回，结局可以团圆。可人生是一场没法回头的旅程，感情无法回头，有些人一旦失去，就注定再也回不去了。孙燕姿在歌里唱道：“我怀念的，是无话不说；我怀念的，是一起做梦；我怀念的，是争吵以后，还是想要爱你的冲动。”

如果曾有个人掏心掏肺地对你好，你却没有好好珍惜，等到

有一天对方真的离开了，你会忽然发现心里空空荡荡，像破了个洞，全世界的风都汹涌而至。

曾在后台收到一位听众的留言，她说："茶茶，昨晚我梦到老张了，梦到他和我通了112分钟的电话。他对我说别总是戴着耳机睡觉，晚上会硌到，他说要我记得好好吃早餐，不然到了中午胃会很不舒服。他对我说了很多话，我是哭着醒的……112分钟是我们通过最长时间的电话……他真的很好很好，可如今也真的不再属于我了。我把他弄丢了，再也找不回来了。"

后来她给我发私信，讲了她和老张的故事，像极了柚子和她的前任。姑娘说："和老张在一起的那些日子，他把我当个孩子一样宠爱着，当时真的很轻松、很快乐，我现在想起来还觉得很幸运。可能那个时候还是太年轻吧，对喜欢的人还那么倔强，明明是自己任性也不肯先低头。分开两年多了，我再也没遇到像他那样对我好的人，大概是遇到他，已经花光了我所有的运气。要谢谢他教会我成长，也谢谢他给过我的爱，希望他一切都好，遇到一个合适的女孩子，陪他度过余生。"

有太多故事，最开始是"可以做朋友吗？"最后却成了"还能做朋友吗？"曾经想携手白头的人，如今却再也无法参与彼此的余生，真的是一件无奈又扎心的事。

我想可能很多人都曾感受过这种难过，有过这样一个人出现在你生命里，把你宠得像个孩子。可有一天，他选择了离开，无论你怎么哭喊，他都不会再心疼了。你一个人从天亮坐到天黑，终于明白，他再也不会回来找你了。

离别的痛真的撕心裂肺，几乎让人透不过气来，可日子还是得过。哪怕你总是免不了想起对方，哪怕你每一次想到对方，都怕眼泪流出来。

当心里的疤慢慢结痂，在你想起对方的时候，除了遗憾，你也会开始懂得，他用离开教会了你成长，教会你在遇到下一个对你好的人的时候，要好好珍惜，别再把这个人弄丢了。

万千世界，茫茫人海，遇到一个懂你爱你的人，真的是莫大的幸运。

千万要记得，别因为情绪和冲动，就随便伤了对方的心。感情需要维系，彼此体谅，共同进退，才能够长久。

我不知道那个对你好的人，现在是否还在你身边陪着你；不知道你有没有在日常生活中，对他少发一点脾气，多一点温柔和耐心。如果那个人还在，我希望你能够从此刻真正意识到，没有谁的付出是理所当然的，谁也没有义务一直对你好。

世界上有那么多条路、那么多的人，偏偏你们能够相遇，是缘分；偏偏他只愿意对你好，是幸运。所以，一定别伤了他的心。

而若是你曾弄丢过对你好的人，我希望你也不要再继续放大这份遗憾，不要对自己失去信心。你要因此学会珍惜，等到未来遇见一个愿意包容你、呵护你的人时，抓紧他的手，别再把他弄丢了。

希望你能够在拥有的时候好好珍惜，希望你不必在失去后才明白曾经难能可贵，希望那个对你好的人会一直陪在你身边，也希望你，能够好好对待那个全心全意爱着你的人。

遇见不容易，错过会很可惜。好好去爱，别把爱你的人弄丢了，也别在失去后，才知道如何爱。

无论多爱一个人，都别做这三件事

张爱玲说：“见了他，她变得很低很低，低到尘埃里，但她心里是欢喜的，从尘埃里开出花来。”

感情真的是很神奇的东西，它会影响一个人的性格，甚至改变一个人的言行，让你变得越来越不像自己。

人总是很容易因为爱得太用力而忘了给自己留几分余地，以至于全身心投入一段关系。可往往付出得越多，最后反而被伤得越深。

所以啊，无论多爱一个人，都别弄丢了自己，以下这三件事，一定不要做。

别放弃工作，别丢掉独立的底气

我在微博收到粉丝章章的私信，她说：“再过两年我就三十岁了，存款没有一分，还欠了两万块钱。怀孕的时候，听了老公和婆婆的话辞职在家，现在孩子两岁多了，一直没上班，老公和婆婆对我的态度也大变样。我现在特别后悔当初放弃了工作，现在没有钱，在家里一点地位都没有，真的太苦了。”

类似的倾诉我听过不少，每次都觉得无奈和惋惜。

怀孕的时候，老公说：“你只要安心在家就行，有我养你呢。”生了孩子之后才发现，这个“我养你”，是让你照顾孩子、侍奉公婆，还要洗衣做饭，承包所有家务的“我养你”。

在很多男人眼里，全职主妇似乎是一种很清闲的职业，他们总是振振有词地说自己工作忙、上班累，下了班就衣服一丢，袜子乱脱，然后瘫在沙发上问饭怎么还没好。实际上，上班的人还有下班或者放假的时间，而大多数为了家庭放弃工作的人，都是没有属于自己的时间的。

人性总有自私的一面，谁也不想承担别人的责任，不想把自己的时间浪费在别人的事情上。

太多例子告诉我们，有属于自己的钱，真的太重要了。

为了婚姻放弃事业的人，是很可悲的。不仅会逐渐丧失与世界的衔接能力，一点点被边缘化，甚至这样的付出可能得不到任何的感恩，反而被认为是理所当然。

稳定的工作和起码的赚钱能力，是最基本的安全感来源，孩子需要独立乐观的父母，另一半喜欢独立自信的伴侣，而你，同样需要一个独立坦荡的自己。

无论什么时候，都别放弃工作，别丢掉独立的底气。

别放弃社交，别丢掉属于自己的朋友圈

我有个朋友，在结婚之后就好像从地球上“消失”了，约饭她不去，逛街她不来，每次都说自己有事、不太方便，后来终于有一次跟我们说了实话：她老公就想让她乖乖在家相夫教子，别总是出去抛头露面……

我当时真的被震惊到了，现代社会居然还有这样的言论？

这让我想起之前在公众号后台看到的一个女生给我的留言，她说前任男朋友是一个占有欲特别强的人，刚开始她还觉得这是对方在乎自己的表现，后来实在受不了了，等分开之后再想想，觉得他挺变态的。她的前任，命令她不许加异性微信，不许和异性好友聊天，不能和朋友出去玩超过晚上十点，甚至连她的同事和她有多一点的工作往来，前任都要跟她闹，在争吵中还说过很多难听的字眼。

这个女生说：“其实我真的挺喜欢他的，所以好几次我真的吵累了，就干脆妥协。只要不吵架，一切都好说。可到后来我发现，他对我的占有欲简直变成了控制欲，而当我想跟朋友诉说时，我才发现是我主动疏远了她们。那种感觉太难受了。”

其实想想，如果一个人真的爱你，他爱你宠你都来不及，他会非常希望你有好的朋友，过开心的生活，又怎么会让你陷入两难的境地呢？

永远不要把爱情和婚姻当作生活的全部，更不要为了一个人而放弃自己的朋友圈。钱是一个人体面生活的底气，而属于自己的朋友圈，就是一个人不至于无助压抑的空间。

为了爱情放弃社交的人，最后注定会被爱情所累。无论什么时候，你都要有自己的空间，千万别等到最后爱情没了，才发现自己孤立无援。

别失去自我，别一再为了感情逾越底线

不知道你身边有没有那种家暴的人，我听过不少。但是很多人往往选择隐忍，时间长了干脆就成了习惯，也就没了离开的念头。还有很多已经对婚姻失望透顶的人，在照镜子的时候看着自己的眼睛，全是麻木，早就没了热情和鲜活。

有太多类似的故事：

以前最不喜欢熬夜晚睡的自己，在对方的拖延和磨蹭中变成了一个“熬夜党”。

以前最不喜欢欠别人钱的自己，在对方的一次次软磨硬泡下，为他借遍了自己的亲戚朋友。

以前对未来充满憧憬的自己，在对方“甘于平凡”的洗脑中变得越来越随便，没了主见，也没了斗志。

以为嫁给一个人，是有了一个可以为自己遮风挡雨的家，结果大风大浪全是他带来的，自己还活成了只关注眼前琐碎的人。

这些改变当然并非都是对方的错，但一个亲密的人对自己的影响一定是潜移默化且根深蒂固的。和谁在一起，最终会决定你成为一个什么样的人。

当你为了爱，一次次选择退让，一次次后撤自己的底线，甚至靠牺牲自我的方式来维系一段感情，那终究是无法得到真正的幸福的。

我知道，在乎一个人时，总是想尽办法给对方自己所拥有的一切，有时候明知是在飞蛾扑火，也还是心甘情愿地去付出、去原谅。可是啊，付出不求回报、没有限度的人，往往最得不到珍惜，反而会因此被爱情伤得更深，生活也会越发疲累。

无论多爱一个人，都要留三分余地给自己，不要放弃自己的原则，更不要一再逾越自己的底线。远离那个消耗你的人，及时止损，比什么都重要。

遇见一个人，经历一段感情，生活就会有一些变化，有时甚至彻底改变了人生轨迹。爱对了人，是难得的幸运，但最怕的是你爱错了人，还继续傻傻地为了他付出，为了他放弃。

一段好的感情，一定是互相付出、彼此成就的，而一段好的关系，也一定是相处不累的，更不需要你牺牲什么。你的时间和真心都很宝贵，一定不要为了感情，就盲目地将就度过余生。

无论什么时候，都要把自己放在第一位，时刻记得，对自己好一点。

再好的感情，也会失去于理所当然

深夜随机听歌，手机播放了田馥甄的一首《小幸运》，歌词里唱："离别了才觉得刻骨铭心，为什么没有发现，遇见了你，是生命最好的事情……人理所当然地忘记，是谁风里雨里，一直默默守护在原地。"

我想起读者姗姗的故事，她曾遇到过一个对她很好很好的男生。

她生日的时候，对方坐了一夜的火车，清晨捧着花到她楼下，亲手把生日礼物送给她；她生气的时候，对方默默地把手伸过来，说："要不你咬我一口解解气？"她开心的时候，他陪着她一起笑，她不开心的时候，他温柔耐心地哄着她，一直到她重新展开笑颜；她急性阑尾炎住院的时候，他昼夜不离地守在身边，一周下来，姗姗病好了还被养胖了一圈，他却胡子拉碴，整个人憔悴不堪。

其实她知道的，他是真的对她很好啊，可被偏爱的总是有恃无恐。

在不知道第多少次，她不听他的解释，而是任性地把东西砸到他身上，嘴上故意说着“那你就走啊，我又没求着你哄我，我现在特烦你，你不在我面前碍眼正合我心意”时，对方静默了几秒，然后说了一个字：“好。”

姗姗其实想挽留他，但话到嘴边，说出来的却是：“有本事你走了就别再回来。”他真的走了，什么都没收拾，只是随手带了一件外套，然后拉开门，再轻轻关上，离开了。

姗姗以为，这次就像从前很多次一样，等他出门自己冷静冷静，就会回来主动哄自己了。她以为这次的赌气，还是能换来对方无奈地笑着喊自己“小祖宗”。一直到两天过去，消息没有，手机没响，姗姗坐不住了，她主动给对方发了一句：“你还不回来吗？”得到的回复是：“咱们算了吧，我累了。”

后面的故事，也不用我多说了吧，那个男生结婚了，新娘不是姗姗。

姗姗说：“他给我寄了请柬，我去了。他穿西装很好看。他亲了那个女孩子，当着那么多亲朋好友的面，还是那么温柔。我恨不得上去扯烂那个女生的头纱，可我知道我不能。

“他来敬酒的时候对我说，希望我也能早点遇到对的人，希望那个时候，我能好好珍惜，永远幸福。我终究还是把他弄丢了。”

情节很俗套，却真的很常见。

男生的抗压能力也许确实比女生强一点，但他们也会难过，失望攒够了，他们也会走。而不管男女，这个叫作“离开”的决定一旦做出，就不会再回头了。再怎么哭闹，再怎么哀求挽留，再怎么认错保证，都没有用了。

话是你说的，事是你做的，拥有时不懂珍惜，就注定要失去。

听过很多人感叹："人生若只如初见。"人和人，还是刚认识的时候最好，明明是满怀热情地相遇相知，可到最后往往只能是遗憾地相别相离。其实变的不是时间，也不是距离，而是在时间和距离的见证下，两颗心越来越远。

很多关系走着走着就散了，很多人爱着爱着就淡了，原因往往都有一个共同点：以为说了喜欢就足够，就能一辈子携手，却忽略了一点，再好的感情也会失去于四个字——理所当然。

习惯了对方的好，习惯了对方的付出，习惯了那些温柔和包容，就忘了这些都是需要珍惜，需要回应的。

拥有时把一切当成理所当然，等到失去时才后悔不已，可一切已经来不及。你把责任归咎于人生的出场顺序，你把原因归咎于错的时间、错的地点，可在夜深人静时想起那些点滴，你不得不承认：没有什么突如其来的失去，每一个决定转身的人，都已经攒够了失望。

作家杜拉斯说："爱之于我，不是肌肤之亲，不是一蔬一饭，它是一种不死的欲望，是疲惫生活中的英雄梦想。"能有一个人愿意在你絮絮叨叨时耐心地听着，在你发牢骚的时候温柔地陪着，在你不开心的时候绞尽脑汁地哄你，把你喜欢的都给你，心甘情愿做你平淡生活里的英雄，多好啊，多难得啊。好好珍惜不好吗？

如果可以，我还是希望你和心爱的人互相尊重，彼此坦诚，他不辜负你的依赖，你也不辜负他的付出。我还是希望你们永远不必承受失去和遗憾的痛苦。

不要把任何人对你的好，当作理所当然。

大家都是第一次做人，冷漠和疏离其实是常态，所以温柔和陪伴更应该被珍惜。回到家时饭菜还没好，别急着暴躁和跳脚，你要知道你的另一半这一天过得也很辛苦。你应该为每一块光可照影的地板，为每一餐温馨可口的饭菜，为每一个光洁干净的碗盘，向对方说一句辛苦，道一声感谢。

心情不好时，把那些迁怒的话在唇齿间打两个转，要知道撒娇比任性更亲密，你可以对他倾诉你的委屈和不如意，但那些伤人的话说出口，就收不回来了。与其事后拔下木板上的钉子，对着弥补不了的洞口道歉，不如在砸下钉子之前收手。

亲密关系之所以亲密，是因为选择，是因为信任，是因为陪伴，但它同样需要持续的尊重和珍惜来维系。就像一株植物，如果你对它不闻不问，消耗它的养分，甚至恶毒地诅咒它，它迟早会死掉，只有一直认真地悉心照料，它才能茁壮成长啊。

再好的感情，再深的热情，也敌不过日复一日地消耗，理所当然、自以为是，一定会毁了一段关系。

不要忘了，人与人之间总是相互的。懂得珍惜，才配拥有；不懂珍惜，活该失去。别让一段本可以好好去爱的感情，失去于理所当然，好吗？

不冷落心里有你的人，不打扰心里没你的人

在公众号后台看到这样一条留言：“那个曾每天都花很长时间陪我，和我聊天、逗我开心的人，我好想你。”

这句话看着挺扎心的。如果曾有个人很认真很用力地对你好，你却没有好好珍惜，等到失去了，才发现这是一辈子的遗憾。

之前有朋友问我：“你说如果一个人每天工作也挺忙的，却总是主动找话题和你聊天，制造机会想跟你一起吃饭，是什么意思？”

我说：“那在这个人心里，你的位置一定很特殊，至少不仅仅只是普通朋友。”

舍得为你花钱的人也许很多，但舍得为你花时间的人，很少。钱没了可以再赚，但是时间没了就再也无法弥补。每个人的时间都很宝贵，每个人都有自己要忙的事情，而若是有谁愿意花时间陪你，那说明你对他一定很重要。

她又问我：“那要是一个人经常不回复你的消息，有空了就和你聊聊天，可有时候突然就好几天都不理你，甚至还看到他点赞了共同好友的朋友圈。这又是什么意思呢？”

我说："那这个人一定没有把你看得很重要，就像一个可有可无的玩具，寂寞的时候打发时间，有了新的朋友就把你丢到一旁。这样的人，及早远离。"

感情里最怕的就是当断不断，最后反受其乱。如果真的不喜欢，就不要拖着，更别白白消耗那份真心。不践踏别人的真心，尊重而体面，对谁都好。有很多人仗着被喜欢就肆无忌惮地伤害他人，可到最后，当对方攒够失望离开之后，那个曾被宠爱的人再怎么懊恼，也无法让对方再回头了。

有人说，这辈子会遇到两个人，一个惊艳了时光，一个温柔了岁月。我们都盼着这是同一个人，但往往事与愿违。很多失恋的故事，常常都有这样一句疑问：我对他那么好，为什么他还是不喜欢我？为什么他要这样对我？

其实感情的事，你来我往，你情我愿，本来就分不了对错，谈不了付出回报比的。不是所有故事都有结尾，自然，不是所有念念不忘，都会收获期待的回应。

可能你是真的在用尽全力爱着他，你有的，都给了，你没有的，你也努力想捧到他面前。他说一句"在忙"，你就好几个小时都小心翼翼不敢打扰，想找他又害怕他烦；他不回消息，你就患得患失给他找理由、找借口，他可能是手机没电了，他也许是没看到消息。甚至他要走的时候，你都在心里小声对自己说："他只是心情不好，我等他冷静下来了再找他聊天。”

不知道有多少人都是这样，用朋友的方式维护着一段关系，因为进一步没资格，退一步舍不得，就连离开，也是看着对方有了归宿，才含着泪笑着说再见。

你放下了骄傲，甚至舍弃了自尊，追逐他，迎合他，懂事得让人心疼，完全不像从前的自己。但到头来，你能换回什么呢？装睡的人，是永远不可能被叫醒的。

其实爱情的真相很简单，一个人如果爱你，一定会主动来找你，小跑着来见你。而若是一个人完全不在意你，那就是他真的不在乎你，没有例外。

你也要明白，为一个人付出所有，是你的权利，但是难过了就放手，是你的自由。

一辈子不过几十年，爱情绝不是生活的全部。放手也许很难，但对时间来说，它不过是像感冒发烧一样的小病小灾，只要你配合一点，慢慢地，就被治愈了。

在这个世界上，谁也不是非谁不可，也没有谁是离不开谁的。他只是你当下的选择，既然累了、痛了、倦了，那就挥挥手，换条宽敞的路继续走。

记得有位听众对我讲，她不想让爸妈看到自己在微信朋友圈里发的一些内容，就设置了朋友圈不对他们可见。她以为爸妈都不太会玩儿微信，肯定也不会在意到这个小细节。没想到第二天她就收到妈妈的电话，很着急地说自己看不到她的微信朋友圈了，是不是哪里出问题了。

她说："当时我一下子就不知道说什么好了，心里特别特别后悔。爸妈是世界上最爱我、对我最好、最无私的人，我却还……唉，想想自己有时候为了那个不喜欢自己的人纠结难过，却总是忽视最爱我的人的想法，真的特别特别后悔。"

人生就像一趟列车，驶开了就无法回头，这一路上我们会遇见很多很多的人，但只有父母安在，回首才有来处。当有一天在尘世间告别了父母，此后余生，就只剩未知的前路了。所以，再忙也别忘了多跟家人联系，常回家看看，让他们知道你的近况。对任何一份感情的重视，都要真正落实到实际行动中去。

爱情、亲情、友情都是如此。真心换真心，真情换真情，感情才能长久，关系才能稳固。同样地，若是你心里有谁，也千万不要白白消耗旁人的欢喜，一定要好好珍惜。暖一颗心需要很久，可伤一颗心，只需要一瞬。一次次放下尊严去讨好一个人，任谁都会累，而这世间最宝贵的，就是真心和真情，金山银山换不来，滔天权贵也争不来。

每个人的一生会遇到很多的人，可心里有你的、愿意真心对你好的，真的很少、很难得。如果遇上了，一定不要冷落了他，因为有些转身，就是咫尺天涯。同时，爱是需要被回应的，真心虽然免费，但绝不廉价，一段好的关系，也绝不是一个人的独角戏，而是两个人共同的付出和珍惜。

所以，别冷落心里有你的人，也别再去打扰一个心里没你的人。记得要把时间和精力，留给那些真正懂你、爱你、愿意回应你的人，不要让在乎你的人感受漠视和冷淡。

愿你所爱之人，也同样真诚待你，愿你所有的深情，都不会被辜负。

愿我们，都能被温柔以待。

“对方已开启好友验证”：遇见是天意，拥有是幸运

几年前我们喜欢用 QQ，习惯在晚上睡不着的时候点进某个人的空间，看看有没有更新动态，看看留言板中有没有什么不愿与人说的心事。

后来，越来越多人开始设置权限功能，仅对好友可见，或者仅对某些人可见，甚至仅对自己可见。于是在很多时候，我们点进对方的空间，看到的是自己没有权限。这种被拒之门外的时刻，心里总是会突然感到一阵怅然和失落。

毕竟曾经彼此也是那么亲密无间的关系，到了现在却连空间访客权限都没有了。现实太残忍，让很多人连最后一点偷偷想念的余地都没了。

如今我们更习惯用微信，它没有访客记录，也没有留言板，甚至如果对方单方面删掉你，他的名字依然可以留在你的好友列表里。

想起有天早晨刷微博的时候，看到朋友桃子更新的一条动态，

只有两句话，却藏着历尽千帆的故事：他把我删掉了，我终于不用总担心他要走了。

我知道桃子说的“他”，是她喜欢了很久的一个男生，两人也曾有段时间聊得火热。后来渐渐地联系就少了，对方回消息越来越敷衍，桃子也识趣地不再打扰，像普通得不能再普通的朋友那样相处，只是默默留意着他的近况。

但桃子心里还是存着一丝期望，盼着会不会哪天彼此可以有再进一步的关系，无奈事不遂人愿，最终等来的，是无声无息的离开。

我想有很多人都是以朋友的身份偷偷想念着一个人吧。你总是偷偷关注着他的动态，总是为他的三言两语就乱了心神，但你可能永远都不会主动给对方发消息，偶尔的点赞也都是想了很多次才做出的决定。

可是最扎心的莫过于，你把他放在心上，你把他当成生活中很重要的一部分，而在他那里，可能你连朋友都算不上，只能算叫得上名字的人，无足轻重。所以在清理好友列表的时候，可能他看到你的昵称都要思虑良久：这是谁？然后就毫不犹豫地点击删除。

而你呢，本以为能够一直藏在长长的好友列表里，安静地、不动声色地想念，等待自己有勇气去主动联系的一天。可当你攒足了勇气，发出消息的时候，收到的却是未发送成功的红叹号，还有一条冰冷的提示："对方开启了好友验证。"

原来在你欲言又止的时候，在你患得患失的时候，在你小心翼翼的时候，在你满怀期待的时候，对方都全然未曾察觉。因为不爱，所以随意。以为至少还可以做朋友，可对方，却连让你存在于好友列表里的资格都不给。

其实也不仅仅是针对喜欢的人。我们也曾有过手动删除掉谁的时候。也许是觉得对方打广告太频繁了，也许是觉得自己被打扰了，总之点击那个删除键的时候，是真的觉得不需要彼此陪伴了。当发现对方已经与自己背道而驰的时候，失落在所难免，但没有谁是真的离了谁就不能活，时光会抚平人心底所有的不安和躁动。

删除和被删，拉黑和屏蔽，其实都是再平常不过的事情，就像遇见和分离，都是人生常态。纵使无奈，也只能学着接受和释怀。人世一场，我们都必须学着锻造出一颗强心脏，在这条不断经历告别的路上，明白八个字：得之我幸，失之我命。

不必总是为那些离开你的人懊恼伤怀，人的一生就这么长，不必取悦任何一个不在意你也不属于你的人。把时间和真心留给对的人，珍惜该珍惜的人，爱值得爱的人，就足够了。

看到一位读者留言说："如果可以重来，我宁愿不要遇到你，那样便不会有爱，也不会有在乎，更不会有现在的放不下和舍不得。”其实我想，每个人心里都会有这样的一个人，相逢一场，有知心，有欢笑，也有不得不接受的遗憾。

在分开之后的漫长岁月里，我们总忍不住回想最初的遇见，想着还不如当时就不要开始，但世间万物皆有因果，一切自有安排。

我一直很相信一句话：“无论你遇见谁，他都是你生命中该出现的人，他一定会教会你一些什么。”

没有无缘无故的悲喜，更没有无缘无故的相遇和别离。无论你走到哪里，无论你经历什么，遇见什么样的人，都是你该路过的风景，无论发生怎样的故事，也都有你该到达的远方。想明白了这一点，就要学着让心变得坦然些，坦然接受相遇，也坦然接受别离。凡事莫强求，才能让日子过得容易一点。

有一种观点大意是，爱情里有两种遗憾：一种是你曾经那么用力地爱过，最后却发现那个人根本不值得；另一种是你没有好好地去爱，失去了才发现，那是一个真正值得的人。

有幸相遇，却无缘相守，真的是感情里最无奈、最伤怀的事情了。所以我总是告诉那些吵架之后来找我倾诉的男男女女，想想彼此彻底分别的日子，想想余生都没有对方的生活，如果还是舍不得，那就早点和好吧，别使小性子，也别太固执。

相爱容易相守难，比喜欢一个人更难得的，是能一直幸福快乐地和一个人在一起。能拥抱，就别用嘴争吵；能和好，就别空留遗憾。爱情不能只靠浪漫和甜蜜，还要培养默契和责任，如果和谁在一起都是抱着半途而废的态度，一觉得有点不合适就落荒而逃，那只会离幸福越来越远。

一辈子是很漫长的马拉松，跌跌撞撞、磕磕绊绊都是不可避免的事，修修补补才是爱情的常态。没有一开始就能完美契合的两个人，只有愿意耐心磨合不分离的两颗心。

也不只是爱情，人与人之间的关系都是这样。没有无缘无故的喜欢和讨厌，别人愿意对你好，是难得的幸运。哪怕你无法接受，也别肆意伤害，好好珍惜每一份遇见，好好感恩每一分收获。

这世界上那么多人、那么多条路、那么多间房子、那么多的分分秒秒，却偏偏在这一刹那让彼此相遇，这是天意。如果能够走下去，那就是莫大的幸运。要感恩爱你的人，要觉得拥有幸福是一件幸运的事。彼此多一份体谅和包容，才能共同把感情维系好。

别让离开教会你成长，别让本可以结伴走很久的人提前离场。

相遇不易，记得用一颗温暖善良的心，尽可能地，守护好每一次遇见。

无论跟谁过，都要首先学会跟自己过

去年夏天一个平常的夜晚，我被惊醒了好几次，小区里的不少邻居也跟我一样。因为一对夫妻凌晨时分在楼下进行了一场歇斯底里的争吵，中间还几次动了手。

我站在窗前看了看动静，物业赶去了，不少邻居也都披上衣服过去劝架了。

因为什么呢？两口子起了争执，男方数落起女方的种种不好，女方气极反笑："我这么不好，你现在就打电话，喊我娘家人来！"

男方的操作也是很令人迷惑，真的把女方娘家人叫来评理，娘家人虽然嘴上说着"夫妻俩过日子，有什么事解决不了啊"，但心里终归还是偏帮着女方的。于是一来二去，男方把女方的娘家人给打了。

矛盾升级，女方嘶吼着："别过了！打110！明天就去离婚！"男方也跟着吼："离婚就离婚！早就不想跟你过了！"

追根溯源，为什么起争执呢？听他们对门的邻居说，好像不是什么大事，估摸着又是刷碗拖地之类鸡毛蒜皮的小事，他们经常这样，这次闹得大。从吵架到摔东西，从房里吵到楼下，一栋楼的邻居劝不住了，发展成全小区的邻居忙着拉架。

最后我实在太困，又爬回床上睡了，也不知道后来是怎么收的尾。但有一点很巧，第二天是周六，雷电暴雨的天气，这离婚，暂时是离不成了。

感情的事，如人饮水，冷暖自知。我们作为旁观者，无法去评判这件事中谁对谁错。我也不想论是非对错，只想跟大家谈谈，感情中的自己。

那天我快睡着的时候，想起作家李思圆曾在文章中表达过的一个观点："无论跟谁过，都要首先学会跟自己过。因为无论跟谁在一起，矛盾都是在所难免的，企图靠婚姻去改变命运、追求幸福、寻找归宿的人，注定会过得很疲惫。所以，既要认识到自己的缺点，也要接纳对方的不完美，凡事多从自己身上找问题。"

我深以为然。

吃五谷杂粮，也许就注定要沾染几分俗尘烟火气。你不能要求一个凡人活成一个十全十美、永不犯错的圣人，感情中尤其如此。

不知道你有没有发现，越是对待亲近的人，我们就会不自觉地越发挑剔。尤其是在恋爱或婚姻中，越是把感情的分量看得过重的人，越容易失望。最开始爱一个人，总觉得来日天高海阔，和他在一起就是幸福，可结婚后被柴米油盐浸泡着，总有无数时候让你觉得当初是鬼迷心窍才会选择这个人。

可你有没有想过，想把一个有独立思考能力的人改变成自己想要的样子，本来就是不可能的。如果看不透一些事，就算再给你一万次重新选择的机会，你也还是会后悔。

你看那些以为自己是婚后遇到真爱的人，那些毅然决然舍弃旧爱奔向新欢的人，有几个真的能把日子经营好？往往还是同样的一地鸡毛罢了。

所谓“跟谁过都一样”，是因为无论跟谁过，归根结底都是跟自己过。

当你学会把爱人当作普通人看待，你就不会对他有过高的期望，那失望值自然也跟着降低。不把任何付出当成理所当然，反而更容易遇见惊喜和小确幸。

搭伙过日子，原则之外的事不要太较真，不是为了别人，而是为了自己不钻牛角尖。

把更多的时间和精力放在自己身上，眼界和格局变大了，自然就不会再着眼于无关紧要的小事。

懂得“放过”，真的是人生中难得的大智慧。

亦舒在《画皮》中写道：“记得积蓄，那样有一日失去任何人的欢心，都可以不愁衣食地伤春悲秋，缅怀过去。”

的确，结婚后的女人，一定要有钱。同时，男人也好，女人也罢，比钱更重要的，是一定要有自己。无论做了谁的妻子、谁的丈夫，都不能忘了，你首先是你自己。

无论跟谁在一起，婚姻都是一场自我的修行，重要的不是去改变别人，而是自我经营。两个相爱的人，不应该像两只刺猬，拥抱都会戳伤彼此，而应该像旁观者一样做自己，才更容易用同理心看待婚姻。

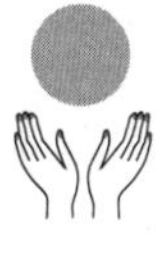

第三章

人生不过三万天，别让自己太为难

生活里不如意事常八九，但悲喜一念间。懂得“放过自己”，是很难得的大智慧。你从来都不需要活成别人期待的模样，你只需要尽力达成自己的期待，就已经不负此生。

不要和“心穷”的人做朋友

上大学的时候，寝室里有个女孩，从入学我们就知道，她家境不好。送她来上学的父亲是残疾人，她是申请助学贷款入学的。室友们心照不宣，无论谁买了零食或者水果，都会多分给她一点。

刚开始一切都好，可后来我们慢慢发现，事情似乎开始往奇怪的方向发展了。

她习惯性地借我们的饭卡，让我们帮忙带饭，但从不提饭钱的事；每次谁要是买了新的衣服或者包包，她都要在旁边酸酸地说上一句“你家可真有钱”；有个室友拿到了奖学金，她就想尽办法让人家请自己吃饭，而且觉得这是理所当然的事。后来，室友实在忍不住，在某次她又借了饭卡同时还没有还钱之后，主动跟她提这件事，她却一脸委屈地说：“都是同学，至于计较这点儿钱吗？！”

可她真的不是穷到吃不起饭，而且学生时代，大家的生活费也不多。她把自己的遭遇都归结于没钱，每每说话就是：“如果我有钱了，那肯定怎么怎么样……”别人拿奖学金，她说“那还不是因为有钱上辅导班”；别人参加舞蹈大赛，她说“果然还是有钱才能让孩子学才艺”；别人顺利被保研，她说“还不是拿钱走了后门”……

实际上呢？学校里免费的社团多的是，在图书馆学习也不要钱，可她哪里都没有去。同学在图书馆学习的时候，她在寝室玩手机、睡觉；别人出去做兼职赚零花钱的时候，她嫌弃太累不愿意做。

一毕业就嫁人的她，在毕业几年后依然做着全职主妇。我和她聊过几次天，总是抱怨自己老公没本事，赚不了大钱，不然生活肯定比现在要好，她的社交软件里也是日常哭穷卖惨。

再后来，我发现大家都心照不宣地疏远了她，一如最开始，曾心照不宣地给她善意和照顾。

之前看过一句话，叫作“不与穷人交朋友”。在我看来，这个“穷人”还真不是指没钱的人，而是指“穷”得理所当然的人。他们会把生活的不顺利都归结于没钱，但又理所当然地不做任何努力改变这种状态，常年活在自怨自艾中，以至于生活无比艰难。

穷不是你的错，但一直穷，就真的是自己的问题了，无论是精神上还是物质上。我们无法决定自己的出身，但我们一直都有选择如何活下去的权利。

我身边有一个同事，出身比较贫苦。用他的话说，家里最穷的时候，一个馒头吃一天，发霉了都不舍得扔。即便这样，他在假期里白天打工晚上复习，依然坚持读完了高中，还考上了一所双一流大学。大学里，他继续勤工俭学，再加上拿奖学金，独自承担起了自己学习的全部费用。现在，他在一线城市，有车有房，家庭幸福。

“宁欺白须翁，莫欺少年穷。”家庭的贫穷不会绑架一个人的一生，只要你努力，就一定有跳出贫穷的可能。

但有些人，借着贫穷的名义，占着别人的便宜，见不得别人过得好，更没有积极的心态。那注定一辈子只能活在贫穷里，甚至会拖垮自己身边的人。

想起之前一位朋友给我发微信说，以后坚决不会再借钱给同事了。她说明明自己是好心，结果到最后反而给自己惹了一肚子气。

原来，之前公司里一个关系尚可的同事找到她，说自己最近手头有点麻烦事，想借五千救个急，等次月发了工资马上还。朋友想着，若非真到了困难时候，也不至于向自己开口吧？于是就借了。过了一段时间，对方没有主动提还钱的事，朋友觉得开口有点尴尬，就也一直没主动催促。

直到昨天，对方在微信朋友圈晒了一个新买的包包。这时距离她们约定的还钱日期也已经过去将近三个月了，于是朋友主动找到对方说：“年底用钱的地方多，如果你最近宽裕点了，要不先还我一部分吧。”

对方先是拖了很久没有回复消息，后来又找借口说自己的银行卡限额了。朋友说："没事啊，你看看这两天哪天方便转给我就好啦。"没承想，过了一会儿对方却突然像点着的炮仗，连发了几条微信，说朋友工资比她高，至于要钱要得这么急吗？又说到了年底了，朋友觉得自己用钱的地方多，怎么就不能体谅一下她用钱的地方也多呢？

言语间，朋友直接变成了一个薄情寡义又冷酷无情的恶人，最后对方转了四千五过来，说自己就这些，爱收不收。朋友再发消息过去，已经显示被拉黑了。

我在这边看得连连称奇，在同一个公司，以后不还是要见面吗？这样难道不尴尬吗？结果朋友告诉我，人家早已经找好下家要跳槽了。真等到她离开公司，恐怕连现在的四千五也要不回来了。

有这样一段话："当你饿的时候，有的人会把馒头分给你一半，这是友情；有的人会把馒头让给你先吃，这是爱情；有的人会把馒头全都给你吃，这是亲情；有的人会把馒头藏起来，对你说他也很饿，这是社会。"

我们都希望只跟合得来的人相处，希望无论是感情还是生活都能顺遂一点，但这一路上会遇到什么样的人，会经历什么样的事，我们都无法提前预知。如果不能看清一个人的真面目，就算付出再多的真心，也有可能注定错付。

都说时间识人，落难知心，可现实往往是，你真心相待的人，并不一定能同样真心待你。

不经一事，不懂一人，时间总是在沉淀很多事情，同时也验证了很多人心。

曾看过这样一个故事。一位富人每天回家下车时，都能看到一个要饭的人守在路边。富人刚开始不理，便被邻居指责冷血无情。富人解释道："我这样恰是慈善。他站在这里要饭，越是要得着，就越不想去致富，因为他觉得这样还活得下去。而富有，都是被贫穷逼出来的。"

邻居说他站着说话不腰疼，说一分钱都没有的穷人想要翻身，也是没有路的，有了路自然会去谋生。富人说："那咱们试试看。"

第二天富人下车，走到要饭的跟前并给他三百元说："我最初就是用三百元做小买卖起家，现在同样给你这些钱，你自己去干点什么吧，别在这里乞讨了。"

穷人见钱眼开，满口应诺，从此半月没见。邻居正以为富人这钱给对了时，那穷人把钱花完又回来了，还是站在原来的位置，伸出乞讨的手。

富人的车开过，从此再也不理这个穷人。

活着，不怕一时穷，就怕心穷一生。心穷的人，永远活在抱怨里，看不见更广阔的天地，把自己的人生坎坷归结于曾经，却从不愿意改变和争取。与这样的人在一起，只会让人感觉到痛苦，无论是朋友还是爱人。

人如果不想苦一辈子，那总免不了要苦一阵子，而很多人为了躲避这一阵子的苦，却吃了一辈子的苦。原生的家庭，我们每个人都没法改变，但我们可以在成长的过程中不断汲取能量，为未来的翻身积攒筹码。

“穷则变，变则通，通则久。”这条路也许难走，但只要每天比昨天好一点，比上个月、比上一年好一点，日积月累，你就能在荆棘中走出属于自己的路。

你要记住：活鱼会逆流而上，死鱼才会随波逐流。只有抓住机会的人才能直上青云，所谓幸运，也只会降临在有准备的人头上。

这世界很公平，永远只会给那些愿意努力的人让路。

人，永远别在烂事上纠缠

和朋友聚会的时候，听阿宁说起自己一个远房表姐的故事。

那位表姐结婚的时候，老公还是一位只有一腔热血的奋斗青年，但她还是义无反顾地嫁给了他，吃苦也不怕。可这两年，对方奋斗有成，却起了花花心思出轨了，而他们的感情，也在一次次争执中耗尽了。

亲戚朋友都劝她离婚，别和这样的男人多纠缠，可她却一直不愿意。倒也不是还存着爱意，反而是恨之深，不想如他所愿，才宁可用这样折磨自己的方式捆绑着对方。

阿宁说："我那表姐，以前可是谁见了都夸漂亮的。如今呢，天天就是变着法儿地跟那没良心的表姐夫斗气，真是让人又急又气。"

明明就是烂人一个，烂事一桩，早早远离了才是上上之策，可她非要在泥潭里越陷越深，白白浪费了大好年华。

可若自己想不通，谁劝都没用。

我认识的一位姑娘，就因为男朋友分手时说过一句"你也不看看你自己的身材，瘦杆儿一样的，看着就没兴趣"，就开始疯狂地暴饮暴食。可身材不断发福，人却没开朗多少，到最后患了抑郁症，像变了个人似的，再也不似从前活泼开朗。

实际上，分手真的不是她的错，渣男一个，根本不值得留恋，可她却一味拿别人的过错惩罚自己。到头来，也不过是伤了那些真正爱自己的人的心。比起烂人烂事，更可怕的是自我束缚。如果非要把自己和那些烂人烂事绑在一起，生活怎么可能会幸福自在。

一辈子就这么长，时间和真心如果浪费给那些不值得的人、事、物，实在可惜。很多事一旦想通了，就不会再固执，很多人一旦看透了，就不会再烦恼。

别在烂事上纠缠，一念放下，万般自在。

前不久，隔壁邻居搬走了。待东西整理得差不多之后，女主人带着儿子并提了一筐水果来跟我道别，说以后有空了一起吃饭，微信上常联系。我站在阳台上目送他们的车开出小区，深知联系不过是期许。

城市很大，一转身，就遥遥无期了。再打开门，隔壁空落落的。这个小区一层电梯就两户，平时低头不见抬头见。最开始他们买到好吃的桃子会挑几个挂在我门上，我买了西瓜也会切一半保鲜好，放在他们家门口的柜子上。

后来加了微信，相互之间就多了照应。他们下楼丢垃圾的时候会顺便把我门口的垃圾也一起带走，我换门口大地垫的时候会多买一张给他们也铺上。他们工作忙的时候，会托我照看小朋友；我出差不在家的时候，也会托他们帮我喂猫，给花浇水。

跟我妈说了这件事，我妈说，天下没有不散的筵席。很现实，也很真实。

每一个走进我们生命中的人，都是缘分的安排。有些人遇见你，有些人错过你，相遇一程，我们都是过客。

最开始是“你好”，最后不一定认真讲了“再见”。毕竟天上那么多云，地上那么条路，人间那么多人，每天发生那么多事，以后会怎么样，谁说的准呢。只是兜兜转转，遇见的，原来注定是要遇见；错过的，原来从遇见那一刻，就意味着擦肩。

而今我真切地愿意相信因缘际会，在每个人身上发生的一切，都是由每个人自己决定的。有的人秉持善良，所以他遇见好运；有的人忘了感恩，所以他横遭灾殃；有的人修持敬畏，所以他的生活总是平顺更多；有的人失了尊重，所以他在某一刻会被别人践踏尊严。

感情、工作、生活，都是一样。天下万物，来去如斯，是悲喜，是忧愁，是幸福，是不幸。冥冥之中，一切都有因果，都有意义。如果一定要执着些什么，那么执着自己的良善和初心，远胜过执着外物和他心。

不必执着，不必留恋，不必怀念。缘深缘浅，缘聚缘散，惜缘随缘莫攀缘。

我记得有人统计说，我们这一辈子会遇到大约 2920 万人，遇见谁，发生什么事，不是我们能决定的，会遇见喜欢和心动，同样就会遇到讨厌和纠缠。但其实真正能陪你走一程的人，不过寥寥，我们决定不了相遇，但至少我们可以决定相处。

选择和谁在一起，也同样是选择了一种生活方式。

有些人，和他在一起总觉得很累，鸡同鸭讲，对牛弹琴，话不投机半句多。聊不来，那就不要继续相处了，各自前行，总会遇到自己的同频者。而有些人，相处时总让你觉得很舒服、很安心，和这样的人在一起，你也会因此而变得越来越温柔、越来越从容，这才是好的关系。就像罗曼·罗兰说的："交朋友不是让我们用眼睛去挑选那十全十美的，而是让我们用心去吸引那些志同道合的。"

万人宠，不如一人懂，余生不长，相处起来最重要的就是两个字：舒服。再多轰轰烈烈，也比不上一个能知你冷暖，能懂你悲欢，能一个眼神就读懂你的心事的人。三五知己，爱人一个，就像你曾住过的老房子，够熟悉，够踏实，就算陷入黑暗，你心里也是安稳的，这就足够了。

毕竟，相处不累，自在舒服，才是好的、能长久的关系呀。不只是感情，我们每个人在生活中都会不可避免地遇到一些不喜欢的人，或者是令人不开心的事。

也许是出门逛街遇上了态度恶劣的销售员，败坏了好心情；也许是好好地走在路上，有车疾驶而过，溅起了小水坑里的污水，弄到了自己身上。这些事情的发生可能并不是你的错，但若是一味沉浸在负面情绪当中，那就是对自己最大的不负责。

我们必须明白，并不是所有事都能讲道理，也不是所有的人都能听进道理，比起非要争个口舌之快，倒不如真正从心里看开。不是怕事，而是不要拉低自己的层次。常与同好争高下，不共傻瓜论短长，别与烂人计较，别与烂事纠缠，是最大气的生活态度。

我们改变不了别人，但可以改变自己；成为更好的自己，才会遇见更好的别人。

看清了渣男就及早舍弃，还有那么多人爱你，还有真正对的人等着你；遇到了不讲理的恶人，就赶紧远离；遇到了影响心情的坏事，也别一味沉沦，转换自己的心情，让自己开心起来才是最重要的。

你的时间、你的精力、你的生命都很宝贵，一定要留给对的人、对的事和对的生活，而不是一味消耗，不是吗？往后，亲戚、朋友、爱人或其他任何关系的人，和谁在一起舒服，就和谁在一起。

三观不同，不必强融

在微博收到一位听众给我发的私信，她说自己和舍友一起去超市买东西，她正好赶上生理期，就拿了一包卫生巾在手里。结账的时候赶上高峰期，人很多。舍友压低声音在她耳边说："这么多人你还买卫生巾，你恶心不恶心啊？"

她以为舍友在打趣自己，但看对方的神色是真的很嫌弃，甚至给了自己一个特别不屑的白眼，她的好心情瞬间就没了。

她对我说："其实平时我跟舍友就没有特别合得来，但是我不想一个人行动，这样看起来挺孤单的，所以就总是迎合着她。可我没想到她的想法居然这么奇怪，我现在特别不想理她，可我又不想一个人，你说该怎么办呀？"

其实看到这条私信，我也有些啼笑皆非。但比起这件事本身，更让我觉得需要深思的是这位听众的想法。她明明知道自己和舍友合不来，却选择放弃自己的原则去迎合对方。

人总是希望自己能够处理好所有的关系，能够左右逢源，可现实是，我们总会遇到与自己三观不同的人，而且也许很不巧，这个人恰好出现在我们无法避免的环境里。也许是上学时遇到的同学，也许是工作中遇到的同事，也许是你的亲戚邻居，甚至可能是你的亲密爱人。

为了不让自己显得格格不入，有很多人会选择将就、凑合，可这关系永远都只能停在表面，心里还是难以接受，最后的结局往往是非常不体面地告别。其实不管是与谁交往，都是同样的道理，一段关系要想长久，一定是互相懂得、彼此交心的。

合得来就处，合不来就散，三观不同就别强融，不要为难自己，也别为难别人。

曾看过一个视频，视频题目叫作《我想和你做朋友》。

视频中的主人公看到大象在嗅花香，想过去和大象玩儿，但是大象很嫌弃地推开了它。为了让大象接纳自己，主人公把自己的鼻子也拉长了，学着大象的样子去嗅花香，可大象还是对它不理不睬。

它又遇到了两只小鸟，小鸟津津有味地吃着虫子，还递给了它一条。其实它很犹豫，但最后还是接了过来，塞进了嘴里。结果它根本受不了吃虫子，鼻子都差点爆开了。

它在路边遇到一只手脚长长的像绳子一样的生物，于是它忍着剧痛把自己的腿也弄断拉长，却发现腿断了之后自己连走路都成了问题。

后来它看到一个长得和自己很像的生物站在楼顶，它又屁颠屁颠地走过去向对方伸出手，但对方并没理它，于是它学着对方的样子也站上了楼顶。如果那生物跳下去，它大概也就跟着跳下去了吧。

其实它每一次都是这样，遇见一群三角形状的生物，就把自己捏成三角形，遇见方形盒子状的，就把自己捏成盒子状。它一直在为了迎合他人而改变自己，可它最终也没有融入任何一个群体，只是把自己搞得狼狈不堪，遍体鳞伤。

它的表现像极了那些害怕孤独而拼命去讨好别人、假装很合群的人。但是，合不来就是合不来啊。聊不来，也相处不来，在一起很别扭，很难熬，忍得了一时却忍不了一辈子，强求来的东西，注定是长久不了的。

与其硬要挤进不属于你的世界，倒不如让自己的社交范围小一点。没有频率相同的人时，那便享受孤独，乐于独处。坚定地走在你的道路上，总能遇到志同道合的同路者，最怕的就是没有自我，到头来一个真朋友都没有，真实的自己也被弄丢了。

成年人的世界已经有太多利益纠缠了，所以在生活中，就学会放过自己吧。

有位朋友曾在过年的时候，很苦恼地给我打电话，说自己有一位远房表舅来串门，碰见自己就问谈对象了没有、打算什么时候结婚、要不要帮忙介绍个小伙子。朋友对她表舅说，自己不着急结婚，想顺其自然。没承想这句话却彻底打开了对方的话匣子，两人谁也不认可谁，俨然开辟了一个辩论场。

朋友很委屈："我有我自己的想法，为什么他一定要我接受他的想法呢？我结不结婚是我的事，他凭什么来指手画脚啊！"

我对她讲："你冲动了，如果你当时就能冷静下来想明白，这是你的事，与他无关，那你就不会跟他费这么多口舌了。

"遇到三观不合的人和自己聊天，最好的办法就是听着对方侃侃而谈，然后尽早地结束这场对话。不用试图说服对方，合不来，少交往便是。你说呢？"

朋友也被我逗笑了，说："也对。"

以前看过一句话："我又不是人民币，做不到谁都喜欢。"其实哪怕你真的变成了一张人民币，也还是会有人对你不感兴趣。所以关键不在于你是谁，而在于你选择了谁。你把体己话说给不懂你的人听，不过是平添惆怅，把这些话说给懂你心事的人听，才是最大的幸福。

这世上总有人的想法是你无法理解的，也总会有人觉得你的想法简直不可理喻，我们无法控制别人的喜恶，但我们能决定自己的心态。

人和人之间，并非只有亲密无间和老死不相往来这两条路可以走，如果你发现自己和某人合不来，那淡而远之便是了，慢慢地让彼此的生活少些交集，才是体面的上策之选。

没有哪一份长久的感情是可以强求来的，三观不同，真的不必强融。也别怕孤独，这总比将就舒服得多。

坦然地做最真实的自己。只有这样，你才会遇到那些真正和你契合的同路者。

其实你不必讨好任何人

前些日子去上海出差，约朋友小楠一起吃饭，乍一见到她短发的样子，我还真的有点不适应。她留了很多年的及腰长发，一直精心养护着，但是为了喜欢的人一句“我觉得你短发应该也挺好看的”，纠结了两天，就跑去剪了个“锁骨发”。

等她再站到喜欢的人面前时，对方眼中确实有一点波动，不过只是戏谑多于惊艳，然后说了这样一句话：“我随口说说的啊，你还真的去剪了，这么舍得啊。”小楠说好像自己眼里的光突然就消失了，他也不再发亮了。

她说：“我一直以为，他知道我们是不同的，但现在看来，只有我认为我们是不同的。我为他做出了很多很多的改变，但他永远都只是抱着一副淡淡的甚至有点看好戏的姿态，让我觉得我所有的付出都是没意义的。我拼了命地附和他、讨好他，但是到头来，他连勾勾手让我走进他怀里都嫌累。我也累了，我放弃了。”

寥寥几句道尽了心酸，我也对她说：“都是第一次做人，干吗要消耗自己去将就别人？”但其中的难过和心酸，恐怕也只有她自己才知道了。

不知道有多少人，都是这样经营着一段不甘心又放不下的关系。爱情也好，友情也罢，最开始相见恨晚，最后却不如不见，满腔热情地去付出，最后满心失望地离开。多少浅浅淡淡的转身，都藏着别人读不懂的情深。

好在止损还算及时，挥挥手离开一个不懂珍惜你的人，一切都会好起来的。

有天我在微信上收到一条倾诉，是一个女孩子发给我的。

她说："茶茶姐，我是一个特别没有安全感的人，不自觉地就会想太多。有时候只是因为对方回我消息晚了一点，我就会想是不是自己哪里做得不够好，惹对方不开心了；有些事其实我不赞同，但为了不让自己看起来和别人不一样，为了合群，我也会附和着答应。你说，我该怎么办？"

看到这段话的时候，我突然想起席慕容说的那段话："在一回首间，才忽然发现，原来我一生的种种努力，不过只是为了要使周遭的人对我满意而已。为了博得他人的称许与微笑，我战战兢兢地将自己套入所有的模式、所有的桎梏。走到途中才忽然发现，我只剩下一副模糊的面目，和一条不能回头的路。"

其实有很多人都是这样吧，害怕别人不喜欢自己，所以伪装出一个跟自己不同的形象，想借这层保护色，更好地跟别人相处。但实际上，如果一段关系靠附和、靠讨好、靠委曲求全来维系，那注定是无法长久的。

活在世上，各自有各自的性格，谁都无法让所有人都满意，更何况，你为什么一定要让别人满意呢？如果你只是想着照顾别人的感受，那谁来体谅你的想法呢？活成别人喜欢的样子，却丢掉了真实的自己，又有什么意义呢？

尊重别人，但不等同于取悦别人，需要你费心费力去维持的关系，往往是脆弱得不堪一击的。比起做一个所谓的“老好人”，我更希望你做真实的自己。

真正好的关系，也一定是双方基于真诚而独立地存在的。我曾看过的一句话说：“频率相同的人，即使翻山越岭，也终会相聚在一起；磁场不合的人，就算朝夕相处，也终归不是一路人。”

这世上的每一个我们，其实都像那只世界上最孤独的鲸鱼一样，在漫长的、孤独的旅程中，寻找志同道合的同路者。也许经历过误会、离别、失落，甚至是绝望，但我们总会遇到和自己契合的、频率相同的人。

无论是友情还是爱情，遇到对的人，不必刻意解释，也不需要费心维系，一个眼神对方就明白你的意思，静坐沉默，也不必担心相处会尴尬。

这样的状态，才是最好的关系。

有位朋友失恋之后，在微信朋友圈更新了这样一条动态：“和

三观不同的人在一起，太累了，那种感觉就像是，我说海很美，他却告诉我，海容易淹死人。”

人这一生会遇到很多人，大部分都是擦肩而过，能够真正让你卸下防备，坦然做自己的，一定是和你频率相同的人。

不得不承认，能够遇到一个和自己频率相同的人，能够和自己喜欢的人处在一个频道上，真的是莫大的幸运。外人只看得到你的强大、你的光鲜，唯有了解你的人，他们能够看到你内心深处的情绪，能够体谅你的辛苦，明白你的脆弱。

那个频率相同的人，可以听你的唠唠叨叨，也能懂你的欲言又止；能知你冷暖，也能懂你悲欢。你们可以在很多事情上一拍即合，偶尔有分歧也愿意彼此倾听，相互理解，不用总担心对方会走，不用患得患失、小心翼翼地维持着彼此之间的联系。那种感觉，一定是独立又亲密的，舒适、自由、默契、安逸，且不惧时光流转、岁月侵蚀。

关于人和人之间的相处模式，我很喜欢这样一种观点，大意是：最好的关系，不是随叫随到，也不是每天都聊，而是我发了消息，你看到了自然会回；我不会因为你一时没有回复而胡思乱想，你也不会因为没能秒回我而觉得抱歉。我们相互独立，彼此信任，也彼此牵挂，就足够了。

我希望你明白，其实你真的不必讨好任何人。无论是什么关系，不负此生都很难，所以你没必要总想着做一个让所有人都喜欢的人。

我们终其一生，不过就是在寻找真实的自己，所以你只需要努力，去做一个自己喜欢的人，过自己喜欢的生活，和自己喜欢的人相处就好了。

用时间这把巨大的筛子，慢慢地给生活做减法，剔除那些费力的关系，只留下那些懂真实的你，并且愿意长久陪伴你的人。

一辈子的时间很短，愿你不卑微、不讨好、不委屈、不将就。

人与人走得太近，是场灾难

小时候总期待“穿一条裤子”的友情，憧憬毫无保留的爱情，以为那才是亲密的表现。长大后现实却告诉我，人跟人走得太近，是一场灾难。

成年人的世界里，“亲密无间”少之又少，更多的，反倒是“距离产生美”。

相处是门学问，远了生分，近了纠缠，就算是关系再好的两个人，若是没了界限和分寸，最终都将走向陌路。

不要跟朋友走得太近

网上有一个话题：“你曾因为什么事跟朋友绝交过？”

翻了翻底下的回答，谈到绝交的大部分是 3 年、4 年甚至 10 年以上的友谊。而绝交的导火索，单独拎出来其实都不是什么大事。从“对方一直跟我做比较，比较了很多年”到“对方一直让我帮他做这做那，却还觉得理所应当”，答案五花八门，却都让人深有同感。

言语上越来越没有分寸，对方以为是在开玩笑，殊不知被开玩笑的一方心里早就不痛快了，只是碍于面子，强颜欢笑。

金钱上没有界限，从几十到几百，慢慢成了扎在别人心里的刺。你以为是不拘小节，而在人家心里就是贪小便宜，最终筑成了隔离感情的篱笆。

行动上没有规矩，总是有求于人，却不考虑别人是否有时间或者有能力。以为关系好，对方就必须得帮你做些什么，却忘了任何人都没有义务必须帮你去做什么。帮是情分，不帮是本分。

……

各种细枝末节的琐碎，越相处，越让人觉得心累。

朋友之间，交往过度是致命的。走得越近，要求越多，想要掌控的也就越多。所以随着年龄渐长，我反而越来越喜欢“君子之交淡如水”，因为我们都必须承认，真正的好朋友之间，一定是有距离的。

这个距离不远不近，而维持两个人关系的，也从来不是需要与被需要，而是发自内心的欣赏。

不要跟亲人走得太近

路遥在《平凡的世界》里这样写：“小时候常常把‘亲戚’二字看得美好而重要，长大了，开始独立生活才知道，亲戚关系常常是庸俗的，互相设法沾光，沾不上光就翻白眼。甚至你生活中最大的困难也常常是亲戚们造成的。”

深有同感。

电视剧《都挺好》里，苏明玉的舅舅一辈子都在吃姐姐的软饭，直到亲姐去世了，还理直气壮地去找外甥女苏明玉，大言不惭地去要钱，说：“我是你舅，咱们可是亲戚。”

这不只是电视情节，现实中身边这样的例子数不胜数。

朋友小何就讲过，他爸爸年轻的时候穷，买房子差5000块钱，借了一大圈，一分钱没借来不说，还受了一圈奚落。后来他爸爸靠着自己把生意做大了，结果隔三岔五就有亲戚上门来，不是借钱就是让他爸爸帮忙找工作。刚开始碍于面子，爸爸都忍了。谁知那些人愈发得寸进尺，稍微有点不合他们的心意，就会讽刺说：“有钱了，翻脸不认人，高攀不起喽。”

但若是他们犯了错，天大的祸事也总能换来一句“都是亲戚嘛”，那副眉梢斜吊的样子简直让人恨得牙痒却又无可奈何。打听你的隐私，拿道德来绑架你，对你的生活指手画脚，你好时他们表面上巴结奉承，背地里却阴阳怪气；你落难时他们马上躲开，恨不得与你彻底划清界限。

这样的亲戚，趁早远离才是真的。

你得明白，并不是有血缘关系的，就一定是亲人，真正对你好的才是。再好的亲戚，相处也要有原则、有分寸。

彼此之间留一扇门的距离，打开门，开心迎接；关上门，不去打探。懂分寸，知礼节，这才能亲上加亲。

父母不要和孩子走得太近

父母给予了孩子生命，但不是孩子的提款机；孩子延续了父母的未来，也不该过多地承载父母的梦想。

纪伯伦说：“你的孩子，其实不是你的孩子，他们是生命对于自身渴望而诞生的孩子。他们借助你来到这世界，却非因你而来，他们在你身边，却并不属于你。”

无论是孩子还是父母，都是相对独立的个体。双方是相互照顾的关系，但同样也要有界限。

“我给了你生命，所以你什么都得听我的。”

“你是我爸（妈），所以你就得一辈子养我。”

这种言论，永远是伤人又伤己。

古人说：“月满则亏，水满则溢。”人和人之间的感情也是这样。父母与子女，本就是今生今世不断地渐行渐远，只要彼此心意相通，又何尝不是一种圆满呢？

爱情也是一样，爱到最后，就是亲人。但我们往往过于把对方当成了亲人，反而忽略了彼此曾是连血缘关系都没有的陌生人。

我记得有句话说：“相似的人适合一起风花雪月，互补的人才能白首到老。”尤其在爱情里，互相包容和尊重，互相理解和体谅，更显得格外重要。不能太远，更不能太近，要懂得温存，更要懂得留白。

所谓“搭伙过日子”，须得是既独立又亲密，既真诚又从容。

再爱一个人，你也不能忘了自己是谁，同样，和一个人爱得再深、相处再好，你也不能忘了对方是谁。

分寸感，是这一生最重要的必修课。

关系就像皮筋，绷得太紧就会断掉，最终伤人伤己。我希望我们之间，像梁实秋说的："你走，我不去送你；你来，风雨再大我都去接你。"

感恩遇见，也尊重分离，"一曲清歌满樽酒，人生何处不相逢。"愿你把生活的重心首先放在自己身上，先爱自己，而后爱人。

无论世事如何变迁，无论关系如何发展，有一点是永远不变的：当你变得美好，一切终将美好。

与君共勉。

信人别信嘴，交人要交心

小时候不懂事，偷拿了我妈五块钱想自己去买雪糕吃，我妈把我骂得特别惨。

刚巧我妈的两位好朋友来家里做客，听我妈说了缘由后，其中一位阿姨非常严肃地跟我说："想要什么可以跟妈妈讲，跟阿姨讲，但不能自己偷偷拿。"另一位阿姨却蹲下来抱着我，安慰我，嗔怪我妈和第一位阿姨对我太凶，说："小孩子懂什么，你看看你们大惊小怪的，不就是想吃雪糕吗？走，我带着你去买！"

很长一段时间内，我都觉得后一位阿姨才是懂我的人，直到长大懂事了，才渐渐觉出其中的不同。那位严肃地告诉我做错了就要改正的阿姨，虽然让我觉得她不够亲切，但却是真的视我妈如姐妹，把我当半个女儿；而那位看似和我在统一战线的阿姨，人前总是和蔼可亲的样子，跟谁关系都很好，谁也不得罪，逢人就夸奖，嘴里永远跟调了蜜油一样，可背后却经常诋毁别人。

后来有一件事就刷新了我对她的认识。有次我们在楼下乘凉，一个邻居穿了条红裙子出门，我妈和那位阿姨跟邻居笑着打了个照面。谁知道人家前脚刚走，阿姨紧接着就耷拉下脸来，说："你看看她那个样子，就她那种身材，怎么好意思穿那么紧身的衣服出来的，我都替她臊得慌！”

我妈只是笑笑没说话。回家之后我忍不住问起，我妈说：“看一个人，不能只看他嘴上说什么，还要看他内在到底是个什么样的人。有些时候，看破不说破，面子上好过，知道对方是什么人，心里有数就可以了。之后要记得在这样的人面前谨言慎行，不深交，也别得罪。”

那时候我也就十几岁，尚不懂我妈话里的深意，直到半个小区的人都知道我曾经偷拿了我妈五块钱去买雪糕的事，我才明白我妈说的，其实就是那句老话：“宁可得罪十个君子，也别得罪一个小人。”

我们每个人身边，其实都有两种朋友，一种是真朋友，一种是假朋友。

在真朋友面前，你可以卸下防备，说一说心中的苦闷。因为你知道对方靠得住，会站在你的角度上为你思考。你不必藏着心里的委屈和难受，想哭就哭，想笑就笑。

在假朋友面前，相处其实是很累的，要思量有些话该不该说，能不能说。因为很有可能你无心的一句话，就会被对方添油加醋说得不成样子，所以相处时彼此也只是维持表面的欢喜。

有个年轻人，家里特别富裕，每次他一吆喝，就能有一大群人赶来陪他吃饭喝酒。有天，年轻人的父亲问他："你觉得现在在你身边的这些人，是你的真朋友吗？"年轻人不假思索地回答："当然。"于是他的父亲决定和他一起验证一下。

父亲让他在微信上联系十个人，告诉他们自己的资金链出了问题，要借十万块钱救急。年轻人特别不屑地说："等着瞧吧，分分钟就会有人给我转钱了。"

可是结果却让他特别诧异。他联系了十个平时经常在一起玩儿的人，其中有六个人直接没回复，语音电话也不接；有一个问是不是被盗号了，得到"不是"的回答之后，也再没了下文；另外三个采用"哭穷战术"，说实在没钱可借。

年轻人特别愤怒，因为他知道这几个人的家境都比较富裕，对他们来说十万元其实不算什么。可这在他们眼里并不算什么的十万元，就把彼此的感情验证得一清二楚。

这时候，他的父亲打电话给了自己的老伙计，说："出了点麻烦事，需要十万块钱，你现在有吗？"对方没有迟疑："卡号给我，十万够吗？不够我再去帮你想想办法。"他父亲的这个老伙计，年轻人也认识，十万也许是他大半年的全部积蓄了，但他却毫不犹豫地愿意帮助自己的朋友。

两下对比，年轻人沉默了。

父亲对老伙计解释清楚了真相，让他别担心。老伙计在电话那头哈哈大笑，先是说没事就好，继而语重心长地对年轻人说："不是平日里勾肩搭背嬉笑打骂的就叫朋友，有些人嘴上说得好听，实际上根本就不把你放在心上。你如果不能看清这件事，会吃很多苦的。”

都说患难见真情，这话确实不假。你得意时在你身边讨好逢迎，你失意时就避之不及，唯恐被殃及，这样的人除了消耗你的时间和精力，真的起不到任何正面作用。朋友如大浪淘沙，谁真谁假自会让你看清，而人与人之间的交往，其实是相互的。

有些人也许和你联系没有多密切，也不会说很多好听的话，更不屑于讨好谁，但在你需要的时候，你知道他一定会站在你身边支持你，这样的朋友，是一辈子的知己。而有些人，表面上装得温柔和善，内里却藏着一颗恶毒狠辣的心。你辉煌时他时时刻刻供着你、对你好，而当你落魄时，恨不得立马就离你几万里远。这样的假意，看破了，就该淡然远离。

朋友不在数量多，而在质量高。在这个薄凉的世界，认识的人千千万，不如交心一个。

很多关系都是同甘易，共苦难；嘘寒问暖易，雪中送炭难。这也怪不得谁，因为这本来就是一个现实的世界，每个人都匆匆忙忙，心里有自己的盘算和考量。越是这样，就越该明白，所有的温柔和包容都是难得的礼物。

经过一些事，如果彼此还是分开了，不要遗憾，既然早晚是不同路的人，散场早晚也没有什么分别。重要的是那些历经风雪，还一直在你身边的人。

时间验证一切，一切自在人心。跌到谷底的时候，记住那些看着你狼狈却毫无帮扶之心，甚至还要冷嘲热讽的人，远离他们；记住那些安慰你、为你焦急、为你奔走、为你出谋划策的人，珍惜他们。

生活不会总如我们想象的那么好，但是事不出不知谁远谁近，每一次磨砺，其实也是帮你看清了人心的真假好坏。

时间不会说谎，它沉淀的，都是真相。

不经事，不知人；经历事，阅真心。

我们总要在人情冷暖中学会成长，所以不必强求拥有。不要轻易交心，也不要轻易辜负。看清了，该放手的就及时放手；看懂了，该珍惜的就好好珍惜。

人和人之间的缘分要想长久，一定要讲求个你情我愿。如果只有其中一方掏心掏肺地付出，另一方却总斤斤计较地算计着，那委实不太体面。

看一个人，别看他嘴上说的是什么，要看他做了什么，看他是否表里如一，坚持真实的自己；别看他有什么、收获了什么，而要看他愿意付出什么，是让你能够放心把后背交给他，还是面对面笑着都得互相提防。

这世间的人心，太难看破，舌灿莲花的未必是真心，默默无声的未必就没心。说话中不中听在很多时候没那么重要，能够以一颗真心换对方的真诚相待，已是难得。

真心很贵，不该轻易浪费。往后余生，定要谨记：信人别信嘴，交人要交心。

不必把太多人请进生命里

一个高中同学在一家外企公司做销售，平时要跟很多客户吃饭，也常会跟上司一起在酒桌上谈生意。不到半年，他的微信好友几乎到了人数上限。

这人也喜欢这种推杯换盏的生活，逢人总爱说自己认识多少人，哪天和谁一起吃饭了，有谁发微信朋友圈透露了什么行业动向云云。但是前不久，他的工作出了一点岔子，领导很生气，放话说如果处理不好他就不用回来上班了。情急无奈之下，他发微信给那些“朋友们”寻求帮助。

令他意外的是，绝大多数人都没有回复，直接无视了他的消息，甚至收到了几个红叹号，显示自己已被对方删除。回复的也大多是“哪位”“发错人了吧”之类的话。总之，忙活一通下来，愿意对他施以援手的，一个都没有。

他在微信朋友圈里发了这样一条动态：“不到难时不知，微信五千好友，竟无一个真朋友。”

其实也怪不得别人，如果把大部分时间都拿来结交新关系，认识新的人，自然就没有时间去维系旧朋友。以为在饭桌上一起吃过饭、喝过酒，就是多了个朋友、多了条路，但实际上呢，醒时同交欢，醉后各分散，时间稍长一些，对方可能早就连跟你吃过饭这件事都记不得了。

单方面把很多人请进自己的生命里，往往只是自作多情而已。除了浪费时间、消耗精力，换不来什么正向的作用，甚至还可能导致自己连一个能说心里话的人都没有。

低质量的社交，不如高质量的独处。朋友不在数量多，而在质量高。有一个真朋友，远比盲目地把一万个人请进生命里要好得多。真正的朋友也绝不是你认识了多少人，而是多少人认识了你，多少人愿意去记住你。

能力，远比结交更重要。

人类学家罗宾·邓巴提出过这样一个理论：人这一生，大约只能与150个人保持稳定的人际关系，而真正有深入交往的，顶多20人。也许微信里的好友连翻几页都翻不到底，但当你难过时，当你失意时，当你想倾诉时，你可以对谁说？

现实生活中的点头之交，微信里的点赞之交，于你而言他们大多与路人无异。如果对别人期望太高，或者高估了自己在别人心里的位置，最后失望的只会是自己。

有句话说得好：“十有八九的欲言又止，在日后想来都是庆幸；绝大多数的敞开心扉，事后往往都是追悔莫及。”越是认识不久就熟络得像老友的人，往往会更快地甚至以十倍速离开你。越是太快的掏心掏肺，到后面往往剩下的，就只有尴尬。与其费心费力地去维系、去讨好，不如让社会关系简单一点。真正好的关系，一定是不费力的，也只有这样，彼此携手同行的路，才能更长一点。

《无声告白》里有一句话是这样说的：“我们终此一生，就是要摆脱他人的期待，找到真正的自己。”想想我们已经走完的小半生，说过多少言不由衷的话，做过多少不符合本心的事？真的很累吧，总想着让所有人都喜欢自己，总盼着所有事情都能有个完美结局，但人生本来就是悲喜交加，低谷连着高峰。人生一帆风顺对谁来说都是不可能的，我们只能在当下努力拼搏一个想要的未来。

那么十年后，你是否希望自己依然在笼络那些所谓的“朋友”？你是否还愿意像现在这样肆意消耗和挥霍自己的善良？你是否能够找到真正的自己到底是什么样的，到底想要过什么样的生活？

从小到大，很多很多人都在告诉我们，要学会付出，学会给予，现实社会也在教会我们，要提高情商，要世故圆滑。但如今呢，我们学会了照顾别人，学会了担心别人，学会了开解别人，无论开不开心，逢人脸上总是能挂着笑，却唯独忘了取悦自己。

人生前半场，做的是加法，不断地有人经过你的生活，路过你的人生，说了很多话，做了很多事，还是避免不了迎来送往，因为相聚和离别，都是生活的常态。但是人生后半场，就要主动学会为自己做减法，想不通的事，聊不来的人，该放就放、该忘就忘了吧。

别人的人生，是别人的事，不需要你强加干涉；而你自己的人生，是自己的事，需要你自己来选择。

你不需要活成别人期待的模样，你只要尽力达成自己的期待，就已经不负此生。

前些日子连着下了几天大雨，城市潮湿得好像能捏出水。然后那天傍晚，有风吹过，我一抬头就看见了彩虹。行过两个路口，彩虹就淡去了，周遭的人都急匆匆地打着伞赶路，没几个人发现雨停了一会儿，彩虹短暂地出现了一会儿。

遗憾吗？其实也不。

月亮从不为谁高悬，但每个人心里都有一盏月亮。人生如逆旅，我们都是行人，万物皆爱自由，万物都有终点，所以遇见和错过，都要接受。

一件事，你不想做，那就不要答应帮忙；明知你会为难却还是提出来的人，没有为你着想，所以你也不需要为他着想。一个人，你不喜欢，那就不要逼着自己去迎合；大路朝天各走一边，同学就是同学，同事就是同事，认清彼此的关系定位，做好该做的事就足够了。

不为难别人，更不为难自己，才是最好的生活态度。朋友两个字，不等同于认识，也不等同于微信好友，更不等同于酒桌饭局。

我们总要明白：有锋芒的善良，才是有意义的善良；有原则地帮助别人，才是有价值的帮助；有选择性地对别人好，恰到好处的冷漠与适可而止的关心，才是最好的社交原则。

总有美好在路上。漫漫旅程，没有一件事的发生是多余的，也没有一个人是不该遇见的。

爱你的人带给了你温暖和力量，伤你的人教会了你坚强和勇敢，聚散不由人，好坏未可知。

把抱怨的心态调整为成长，把遗憾的经历当作养料，沉淀一个更喜欢的自己。我们且听且看，且看且行，且行且珍惜。

如此，便足矣。

谁才是你的命中贵人

某天我在微信收到这样一条倾诉："茶茶，我最近过得好累，什么时候能遇到个命中贵人啊……"

半分玩笑半分真心，毕竟，每个人的生活都不容易，在困难时总希望有贵人出现解救自己。但是，什么是贵人呢？有钱的人？有权的人？其实都不是。

真正的贵人，是在你身处困难时，愿意拉你一把的人。但当你经历了所有的事之后，你会发现，别人能拉你一时，却不能帮你一世，真正帮得了你的，其实永远都是自己。

人间如苦旅，唯有你自己，才是自己这一程的摆渡人。

你，才是你的命中贵人。

家中有一远方表哥，35 岁的年纪，没车没房也没家，靠打零工勉强度日。家里人每次提到他，都会感叹："一手好牌打得稀烂。"

表哥大学毕业后拖家里关系进了一家企业，可是却又吃不了加班的苦，一两年里辞掉了家人辛辛苦苦帮忙找的好几份工作。

县城里，工资 5000 元左右已算不错，平时稍微节俭一些，用心攒攒钱，家里再帮衬一下，生活也会过得很好。可他从没有在一家公司里待到超过 3 个月。

家里人问他想做什么，他说想自己创业。他心有傲气，总觉得自己是“天选之子”，只是缺了一个贵人来发掘自己的能力并且把自己推上成功之路而已。可是说句实话，这世上纵使真的有慈善贵人，也断不会去投资一个早过而立之年却什么都没立下的人吧。

他就这样活在自己的世界里，总觉得有一天会有人发现他这块金子。他羡慕那些自己做生意的人，可却忘了，这世上没有一件事是容易的，要想人前显贵，必先人后受罪。想做的事，终究得自己去做，如果第一块砖永远只垒在脑海里，那么怎么可能建得起高楼大厦呢？

没有谁的生活是不累的，你现在不累，以后就会更累。如果自己不努力，没人能帮你，而当你拼尽全力去靠近自己想达成的目标时，全世界都会为你让路。

电影《霸王别姬》中有一幕，这么多年一直让我印象深刻。程蝶衣和小癞子学戏，因为受不了师父的打，逃跑了。他们逃到戏院看大腕唱戏，看着看着就号啕大哭：“他们怎么成的角啊？得挨多少打啊？我什么时候才能成角儿啊？”回去之后，他们的师父说了一句话：“人啊，得自个儿成全自个儿。”

涉世未深的时候，总以为自己是可以被别人拯救的，会有贵人慧眼识真金，在茫茫人海中选出自己。但当年岁渐长，越来越深刻地懂得：靠山山会倒，靠人人会跑，只有自己最可靠。

《诗经》里写：“凤凰鸣矣，于彼高岗。梧桐生矣，于彼朝阳。”民间也有这样一句谚语：“栽下梧桐树，引得凤凰来。”意思是，如果你想引来凤凰，就得先种好梧桐，即便想遇到贵人，前提是你得把自己炼成真金。说到底，这一生最好的贵人，其实就是你自己。

我知道生活不易，但没有人可以帮你一辈子，苦也好、累也罢，都是要你自己承担了、成长了，这一关才算真正过去了。你能做的，就是熬下去。吃了苦，才懂得甜的滋味。跌倒过，才知道如何爬起。

《周易》里讲：“天行健，君子以自强不息。”唯有使自己强大，才能找到出路。总有人靠自己闯出一条光明大路，那个人，为什么不能是你？

余秋雨在《借我一生》中说：“人生的路，靠自己一步步走去，真正能保护你的，是你自己的人格选择和文化选择。那么反过来，真正能伤害你的，也是一样，自己的选择。”

这世间疾苦很多，每个人都自顾不暇。指望着别人来帮你，那么总有愿望落空的时候。靠父母，父母也会老去；靠别人，永远像没有根的浮萍。只有靠自己，自强才是最好的出路。

人生实苦，但众生皆苦，你想得到的越多，付出的就越多。累的时候，可以停下来休息一段时间；摔倒的时候，可以偷偷地哭泣，但是永远不要停下前进的步伐。你觉得生活很难，不过是还没有做出成绩，再咬咬牙，等到做出成绩来，全世界都会对你和颜悦色。

认真的人改变自己，执着的人改变命运。

你当然可以做生活的逃兵，一直溃不成军，但如果你选择了放弃，就不要抱怨命运不公，而我更希望你可以勇敢，再勇敢，一个人，也可以活成一支队伍。

生活不会忽视你的野心，命运也不会辜负每一个用力奔跑的人，你付出过的每一分努力，都会在未来的某个时刻帮助你站上更大的舞台。

与其羡慕别人，不如改变自己；与其后悔过去，不如珍惜现在；与其等待运气，不如全力一搏。

每个人想要的，都只有自己能给。

再坚持一下，天总会亮，就像火车驶出隧道，经历了漫长的黑暗，光明终将到来，你想要的一切，都在眼前。

人生如尺，需要有度

前段时间回家祭祖，给外祖父上坟时，母亲回忆，外祖父这一生，爱酒，却从不醉酒，每天两盅，从不贪杯。

唯独有一次，舅舅家新添了小儿子，那天外祖父多喝了一盅，但也只是微醺，就提前离了席。母亲说："一辈子，就只有那一次，破例多喝一杯酒。如果那也算醉酒的话，我想天下女人大多都能容忍酒醉之人。"

在我印象中，外祖父是个很严厉的人，他话很少，音量也不大，但每一句大家都听得清楚。坐在那里像一座沉稳的大山，我幼时在他面前总小心翼翼，恨不得屏息前行。

外祖父爱钓鱼，但从来都很守时，家里的大黄狗也耳濡目染，快到饭点就去河边寻他。无论有无收获，他提起东西就走。年少时我总觉得不够尽兴，现在想来，这样行事，其实很是洒脱豁达。

人生如尺，需要有度。"出言有尺，嬉闹有度，做事有余，说话有德。知人不必言尽，言尽则无友；责人不必苛尽，苛尽则众远；敬人不必卑尽，卑尽则少骨。"这些尺，度自己，也是渡自己。

明白自己的能力，从而谨言慎行，一辈子不短不长，来此一遭，至少要做到“无愧于心，无愧于天”。

有一个人在河边钓了很多鱼，但是每钓上一条他就拿尺子比量一下，比尺长的鱼他就马上丢回河里。旁人不解，问道：“大家都喜欢大鱼，怎么偏你不这样呢？”这人笑着说：“我家的锅只有这把尺这么长呀，太大的鱼，没必要。”

这把尺，量的是锅，也是心里的知足。就像老话说的：“鱼放三天发臭，客住三天讨嫌。”

衣服多了没地儿放，出门不知道穿哪件，就成了一种累；菜买得太多，一时吃不完，过几天就不新鲜了，费劲提着购物袋回家，再费劲提着垃圾袋出门，也成了一种累。

追求什么，都别太过，过犹不及。取有度，是分寸，也是大智慧。

予也是一样，予人善良，予人帮助，予人任何都要有度。不能无底线地付出，过分的仁慈和心软，只会让对方认为理所当然，继而得寸进尺。

看过这样一个故事，说有个年轻人上班的时候，路过街头总会给常年在那儿的一个流浪汉放下一块钱硬币。起初流浪汉会很感激地道谢，后来面对年轻人的善意就习以为常，不甚在意了。年轻人虽然心里不太舒服，但想着自己也不是为了得到对方的感谢才做这件事，所以还是每天都会给流浪汉放下一块钱。

几年过去，年轻人结婚了，但这个习惯还是一直保持着，直到他的孩子出世，奶粉、尿布等各种杂七杂八的支出，让家里的经济也跟着紧张起来。有一天，年轻人看见流浪汉的时候，只放下了一个五毛的硬币，他没有想解释什么，转身要走，流浪汉却皱着眉头质问他，为什么今天只给五毛。年轻人说："我身上没有一块的了，只有一个五毛硬币了。"

流浪汉的眼神中满是怀疑，觉得他只是没有零钱了，但可以给整钱啊，现在这样分明是托词，说白了还是不想给。

年轻人有些生气，回家对妻子说了这件事，妻子说："那你以后不给就是啦，做善事，是你自愿的，而不是被他束缚的。如果自己心里不开心，那还不如不做。而且最近咱们自己手头也很紧张，能省一点是一点。"

年轻人觉得妻子说的很有道理，第二天他路过街头的时候，没有停留，连五毛钱也没有给流浪汉，径直离去。没想到，流浪汉非常愤怒地起身，冲着年轻人怒吼："你为什么不给我钱了！凭什么！"年轻人想到那句老话："斗米恩，石米仇。"内心深以为然。

有时候你对一个人好，时间久了对方就会认为是理所当然，当某一次你没有让对方如愿，换来的就是对方翻脸无情的生气和咆哮。说白了，人各有性格，不是所有人都懂得感恩，不是所有的心都能被捂热。

小恩养贵人，大恩养仇人，让别人对你的善意习以为常，是最可怕的付出。

金庸先生说：“情深不寿，强极则辱。谦谦君子，温润如玉。”意思是说，越沉迷和执着于感情的人，越容易受其伤害，郁郁不安；越是过于刚强的人，越容易因此受到不必要的屈辱。

一个谦和的君子应当是如玉一般，温润但沉稳，举止从容有度，坚毅但含蓄，不张扬，却自能显其价值。无论是说话，还是做人、做事，心里常带一把尺，不说让自己后悔的话，不做自己讨厌的那种人，不犯会给自己带来麻烦的事。

谨言慎行，时时自省。糊涂对外，清醒对己。知足常乐，方能在这个偶尔薄情的世界里坚守真实的自己，为自己构筑一方幸福乐土。

人生如尺，切记，且行且珍惜。

永远不必向别人解释你自己

在微信公众号后台看到过这样一条倾诉，说自己前段时间回老家，跟一位远房表姐吵得面红脖子粗，就为了结不结婚这件事。

她说："我今年28岁，可能在很多大人眼中我已经是到了婚嫁的年龄，但是我自己一点儿都不这么认为。我觉得一个人挺好的，我还没做好组建家庭结婚生子的准备，为什么要去将就凑合，甚至还要去相亲，了解一个对自己来说完全陌生的人？

"可我表姐觉得，女孩子要是过了30岁，就很难嫁出去了，说我现在根本就是在浪费时间。我好声好气地告诉她我的观点，她却直接跟我妈说我不懂事，真的要被气哭了。"

我问她："为什么一定要说服表姐呢？其实你只要顺着她说下去，告诉她自己会考虑的，三言两语就过去了呀。"

她很委屈地说："我的本意不是这样，为什么你也要劝我屈从？"

我给她发了一个抱抱的表情，然后回复："顺从，很多时候并不是屈从，而是明白道不同不相为谋。对方与你三观不一致，那就不要试图劝说对方，因为到最后只会是公说公有理，婆说婆有理，除了生一顿闷气，毫无意义。所以啊，不多说，尽快结束无意义的对话，这才是智慧。”

过了好一会儿，她回复我：“你说的也有道理，夏虫不可语冰，她不懂我，我又不能强行把我的想法灌给她，你说对吧？现在我没那么生气了，还有点懊恼，早知道不理她就好了。”

我又跟她闲聊了一会儿，就放下手机下楼散步去了。慢慢走着，又想起这位读者遇到的事情，其实这真的不算个例。

遇到跟自己三观不合的人，遇到不懂自己的人，真的太寻常了。如果要挨个儿去解释，怕是要累死了。

真正聪明的人往往活得简单，而简单的生活，一定要记得四个字：不必解释。

国学大师曾仕强教授在《百家讲坛》中曾讲过“三季人”的故事。

有一天，子贡在外面扫地，来了一位身着绿衣的人问他：“你是谁？”他很自豪地回答：“我是孔老先生的弟子。”绿衣人很高兴，说：“我能不能请教你个问题？”子贡回答：“当然可以。”

绿衣人问：“一年到底有几季？”子贡心想这还用问吗，就说：“当然是四季，春夏秋冬。”绿衣人却连连反驳，说一年只有三季，两人因此争执不休。孔子闻声而来，子贡就问孔子，一年到底有几季。孔子看了他们一会儿，说：“三季。”

绿衣人很满意地走了，子贡却十分不解地问孔子，为什么明明一年有四季，非要说成三季呢？孔子说：“你看来者，他全身都是绿的，这是蚱蜢啊。蚱蜢在春天生，秋天就死了，从未见过冬天。你跟他争论这个问题，恐是三天三夜都没有结果的。”

子贡了然，果然还是自己执着了。

曾教授说：“以前我看到那些不讲理的人，我会生气，现在我不会了，我心里想着对方是‘三季人’，我就没事了。任何事情当你要发脾气，当你情绪很不稳定的时候，(想想)‘三季人’，你就心平气和了。”

是啊，只要你认定自己是对的，只要你心里坦荡，那些在意你的人总会自己找到答案，而如果一定要解释，很多事情就变了味道。

纵使你再单纯真诚，遇上心机深重的人，也会觉得你在伪装。纵使你再坦荡磊落，遇上心里有鬼的人，也会觉得你在欺骗。

当一个人非要执着于去解释什么的时候，往往自己已经进入了偏执的死胡同。而当你转变一下思路和心境才会发现，一切本就是如此，何须解释？时间自会证明一切。

懂你的人不需要解释，对信任你的人也不必解释，而不懂你、不信你的人，即使你解释了他们也不会相信。既然这样，解释与不解释，其实根本就没有任何分别。所以关键不在于到底要不要解释，而在于，值不值得解释。

很多时候，不必解释，更无须掩饰，落落大方，坦坦荡荡，做好自己就足够了。

如果你越来越沉默，越来越不想说话

前两天我看到这样一个问题："你为什么变得越来越沉默了？"网络上有人评论了一句很心酸的话："其实有时候不是沉默，只是无力诉说罢了。"很多人都点赞了这个回答，觉得沉默往往不是自己不想说，而是因为不知道该说些什么好，甚至是没法说。

想想小时候的童言无忌和随心所欲，不得不承认，人的确在成长的路上变得越来越沉默。以前我觉得这是一件很悲哀的事，如今却觉得，人之所以沉默，很多时候并不是因为无力诉说，而是没必要说。

经历得多了，许多事情都看淡了，许多人也都看破了，明白了很多话不值得说，也就不愿再庸人自扰，只愿把时间和精力留给值得的人和事。

之前和一位朋友聊天，他正处在人生低谷，创业失败，父亲住院，感觉做什么都不顺利。恰好我去他的城市出差，就约了几个好久没见的老朋友一起吃顿饭，希望他能抒发一下心里的郁闷，别憋在心里。朋友懂我们对他的关切，却讲了这样一个故事。

有个卖瓷器的老人，每天都从家里挑着担子把瓷器运到集市去卖。有一天，老人带着他的孙子一起去集市，小孩子贪玩，在路上蹦蹦跳跳，不小心就打破了一件瓷器。瓷器昂贵，打破一个，这一趟辛苦几乎就白费了。老人的孙子十分害怕爷爷大发雷霆，但老人却什么都没说，停下来把烂掉的瓷器收拾了一下扔掉，又继续往前走了。

老人的孙子对这件事一直很不解，但怕惹爷爷不开心，也就一直忍着没问。直到过了好几年，一次闲谈中，孙子终于忍不住把疑惑问出了口："爷爷，你还记不记得，以前有一次我和你一起去集市卖瓷器，我打破了一个瓷器，为什么你没有训斥我呢？"

老人听了以后，笑着说："已经打破的瓷器，我训你一顿难道就能变好么？而且我最开始挑担子的时候也没少摔坏瓷器。责罚不是目的，让你自己反思行事要谨慎才是。既然这样，与其骂你一顿，让你一路上不开心，倒不如什么都不说，待你自己把事情看明白，自然也就没什么好说的了。"

朋友讲完故事，对我们说："好事坏事，都成往事，我相信一切都会好起来。我不说，不是压抑，而是我明白，现在与其抱怨，倒不如把精力都用在想解决之法上。"听他这样说，我们也放下心来。后来他的确成功化解了眼前的危机，并且经此历练得越发沉稳。

我们不可避免地会碰到一些烂事，能够看透事情的人很多，但能够将事情看淡的人，却少之又少。可这世间种种，好的坏的，终成过往，说与不说，又有何区别呢？很多时候，说了，不过是徒增自己的烦恼罢了。

而当你愿意沉默，对那些可说可不说的话选择不说的时候，其实你已经成长了。哪怕事情再糟糕，你也可以用一颗云淡风轻的心去看淡，这样的心态，才最容易获得幸福。

很喜欢一句话：“看破不说破，面子上好过。”

以前碰到看不惯的人，总喜欢把他挂在嘴边念叨几句；得知有人在背后说自己的坏话，就恨不得立刻抓住那个人跟他好好理论理论；碰到一点鸡毛蒜皮的事，都要找人诉苦，好好发一发牢骚。

后来才发现，其实面对这些事情，与其浪费口舌，倒不如保持沉默。很多时候，说了也没用，说破倒不如看破。

我们这一辈子，会遇见无数人，每个人都是独立的个体，自然会不一样。有人认同你，就会有人反驳你，有人喜欢你，当然也会有人讨厌你。我们如果把时间都浪费在这些口舌之争上，当真不值。

不为了一些琐事而去与人争辩，是因为从心底明白，有这个精力，完全可以去做比这更有意义的事。也不要为了一时的难受就随意找人诉苦，因为没有多少人真心在意你过得如何，说得多了，反而惹人厌。

所以你看，现在的我们变得越来越沉默，越来越不想说，只不过是因为，许多人许多事都被你看破了、看淡了，这岂不是幸事一桩？

成年人的世界，有一种成熟，叫作学会沉默。

“最高的轻蔑是无言，而且连眼珠也不转过去。”人活一辈子，不必事事都得争个输赢、分个对错，也不必委屈自己，费尽心思去讨好每一个人。

对于不值一提的事，不必耿耿于怀；对于合不来的人，也不必久记在心。当你开始学会沉默，琐事再也干扰不了你的心情，烂人再也影响不了你的情绪。如果你越来越沉默，越来越不想说，也就意味着你越来越成熟，越来越强大。

沉默，也是一种力量。

余生还长，且莫慌张。愿我们，都活成坦荡成熟的模样，过上平和踏实的日子。

最好的修养，是尊重彼此的时间

某天，有个还算比较熟悉的朋友私信我，找我在网上拼团购物，我正在处理工作，就没有回复。几分钟后，她特意打电话过来让我帮忙。

话说到这份上，我不好意思拒绝。于是我打开微信，按程序下载安装App、注册、设置用户名和密码、填写送货地址等。待忙完这些，一看时间，半个多小时过去了，我不得不加班赶工作进度。

等货到了再带给朋友，随后又是拍照反馈，评价商品。可是朋友到最后也没说句“谢谢”，一副理所应当的态度，可能在她看来，这只是举手之劳吧。

虽然不图她那句谢谢，但是想想自己也有很多需要忙的事，为了自己不喜欢的事浪费时间，真的觉得不值。

“生命是以时间为单位的，浪费别人的时间等于谋财害命。”但是在生活中，经常能听到这样的话：

不就是让你多等了几分钟吗？

不就是让你帮忙改一下稿子吗？

不就是顺便让你查个资料吗？

不就是顺你个车吗？

……

那么多的“不就是”看似简单又理所当然，可换位思考一下，每个人一天都只有24小时，为这个不好拒绝的事耽搁十分钟，为那个不好意思回绝的人耽搁半小时，能留给自己的时间还有多少呢？骆驼虽大，能扛起的稻草却也是有限的，更何况这稻草还不是给自己扛的。

当心里有了抵触，这段关系也就出现了隔阂。为了一点点小利益，麻烦别人，消耗情分，实在是因小失大。

我们小区有一个住户，见人很热情，初时还好，但时间一长，大家都有点冷着她。她是一个微商，一开始见面对人很热情，打过几次招呼后她就开始推销她代理的产品。

架不住热情，我也买过她代理的一些东西，后来在微信上就总是收到她大段大段的语音。不及时回复，她还会打电话过来，内容不外乎三点：一有促销活动，二有新产品上市，三请你介绍顾客给她。

次数多了，难免让人感觉到被打扰，但她偏偏还意识不到，经常会说：“我没有正经工作，养两个孩子很辛苦。这些东西反正也是日用品，你看在咱俩认识的份上，多给我带几个朋友过来，就当帮我一下。”

为了生计而努力是好事，但事过则亏，水满则溢。没有谁喜欢一直被打扰，尤其是微信上发来大段大段没有重点的语音和不分时间地点的盲目推荐，真的很败人缘。

同样是微商，有很多人都做得很好，不但发展了事业，还交到了很多朋友。说白了，一个人要尊重自己的时间，同时也要尊重他人的时间，才能够获得别人的认可和信任。

一个人不论做什么，都要先做人。想要成功，一定要学会尊重他人，珍惜他人的时间。

就时间问题，有位教授曾讲过这么一个故事。有一天，他应某大学的邀请在某天晚上七点去演讲。他问学生：“你们演讲厅距校门口，走路要多长时间？”学生说大概三四分钟，教授于是回答：“那好，我六点五十二分到你们校门口。”

学生露出诧异的表情说：“老师，我们那边路况很不好。尤其是六点多下班的时候，您最好把时间留得长一点，早点到。”而教授则笑着让他们放心。

到了那一天，教授下午四点多就坐车到了学校的附近，找了一家环境清幽的西餐厅，喝咖啡、看书，还把办公室的资料带去处理，然后吃完晚餐，一边看着时间，一边喝茶。

六点四十八分，他起身结账，六点五十分走出了餐厅，他看见对街校门口的学生代表正抱着花，伸着脖子等待着。学生看到教授，叫了起来：“老师，您怎么‘飞’来的？这么准时！”

教授回忆说：“他的眼神，又紧张，又疑惑，又兴奋，我永远不会忘。”这眼神里，有对老师准时到达的惊喜，也有对老师守时的崇拜。

不论是对谁，不论在什么时候，管理好自己的时间，同时也做到对他人守时守信，这才是真正的修养。

对于如何做到节省别人的时间，网上有些很暖心的回答：

使用微信等实时通信工具时，重要的事发文字，不要发语音。

自己能搞定、能查阅到的事情，就别问他人。

添加微信好友时，标注自己是谁。

收到信息及时回复。

不迟到。

……

以上的建议都是一些细节上的小事，但就是在这样的细节里，更能彰显一个人的品质修养。

在这个快餐化时代，每个人都很忙，如果有人肯为你花费时间，这份情义你应当珍惜。但是无论何时何地，我们都应该做到不随意消耗他人的时间。互相尊重体谅、互相包容，才是最好的相处方式。

珍惜时间，是对生命个体的尊重，亦是一种最高级的修养。

第四章

人生不过三万天，半世奔波半世闲

一天一天，一月一月，一年一年。

日子总在继续，对未来最大的敬意，是把一切热爱毫无保留地奉献给每一个当下。好好珍惜健康，好好守护拥有，认真相爱，努力生活。

好好吃饭，好好睡觉，好好生活

我去小区门口的生鲜超市买菜，排队结账的人有点多，一路堵到了门口。后面有女生催促："老板能不能快一点啊，等着回家做饭呢。"紧接着又有好几个人附和，希望老板赶紧再招个店员，多添台收银机提高效率。

老板手头稍微加快了些速度，一边笑眯眯地算着账，一边说："别着急嘛，慢慢来，老规矩，小葱一把人人有份。"大家都笑了，问他是不是永远只有这一招。

其实这个店的位置算不上最优，靠近小区正门口也有比它更近的团购菜店，并且每天的促销活动力度都很大，但相熟的邻里都只愿意来这一家。原因无他，这个老板十分开朗乐观，从店里出去的人几乎都是嘴角上扬的。

我和老板第一次打交道，是有一天我忙完工作回家，心情算不上很好。那天店里人不多，老板站在门口吃橙子，看我只挑了一份圣女果就随口问我："要不要炒个莴苣吃？"两三周都没空下厨只吃外卖的我，那天带了一根新鲜的莴苣、两个沙瓤的西红柿、六个鸡蛋还有两个馒头回家，还熬了一锅软糯黏稠的大米粥。

后来去的次数多了，我们偶尔也会闲谈几句。他的话题永远围绕着三餐四季和生活琐碎。在小小的店里转一圈，提着几样新鲜果蔬出门，今天的不开心就止步于此。

过日子当然会有很多不如人意的时候，所以我们都要认真去寻找藏在细微处的那些幸福感。一顿热气腾腾的饭，一本易读有趣的书，一晚无梦到天亮的好眠，一些能让你觉得舒心美好的人。

那种人间烟火中忙里偷闲的快乐感，真的是会传染的。

对歌曲《平凡的一天》有句热评是这样说的："小时候想过辉煌灿烂的一生，长大后，平凡简单地过一生却那么难。云也轻，风也淡，没有牵绊、平凡的一天，我愿意用一切去交换。"

独自面对生活的压力之后，彻底的放松和开怀的大笑好像成了不太被注意的奢侈品。世界喧嚣，鞭策你一定要奋进，要有欲望，要有野心，要脚步不停地奔跑，要远离舒适圈，要去探求自己更多的可能性。可在这样的大环境下，越来越多的人沮丧于自己的生活太无趣。

快乐维持的时间越来越短暂，雄心壮志总是碎在深夜的酒杯里，容易焦虑，容易暴躁，容易否定自己。晚上躺在床上，幸福感觉不到，突如其来的"丧"总是无休止。

但我想告诉你，没有人可以定义你的人生，如果把西装革履看作一种成就，那么柴米油盐也是一种难得的幸福。要有前行的勇气，也别忘了回头看看属于自己的安逸。

你要明白，你的脚步其实可以慢一点，只要你想。去看看花市里争奇斗艳的鲜花，买两支盛放的向日葵放在床头，周六起个大早去人声鼎沸的菜市场逛逛，下厨做一顿热气腾腾的饭，切一盘水果，不要快进地看一部治愈的电影……

三毛说："平凡简单，安于平凡，真不简单。"

这一辈子就像是一个闯关升级的游戏，艰难的时候是在走上坡路，但没有人说你在走上坡的时候不能先吃一根烤肠补充一下体力。

最舒心的那种快乐其实最简单，一如最长情的那种陪伴，最让人心安。

杨绛先生在《一百岁感言》里说："我们曾如此期盼外界的认可，到最后才知道，世界是自己的，与他人毫无关系。"我每过一段时间重读这句话，都会有新的思考。

功名利禄缠身的时候，自己的确是有快感的，但是在快感之外，一定也会横生无奈。喧嚣的声音在发生的那一刻越热闹，在结束的时候就会愈发寂静。

所以，要给自己一点时间，闭上眼睛。不要把自己困在钢筋混凝土里，你听，山谷里有风，风携着蒲公英的种子，在世界各地流浪。

这一生我们都会遇见很多人，走千奇百怪的路，做各种不同的选择。但有一点，我们永远都是自己世界的主角，我们永远，都要做自己世界的主角。

人间历险总是很累的，所以更要记得，好好吃饭，好好睡觉，好好生活。

愿你历尽千帆，归来仍是少年。

愿你永远会为了一朵盛放的花而热泪盈眶，会为了一顿简单的家常饭菜而笑意盈盈。

愿我们，都会在余生平凡而盛大的岁月里，成为喜欢的自己。

撑不下去的时候，看看这三句话

你所担心的事，99% 都不会发生

不知道你是不是也和我一样，遇到事情容易胡思乱想，哪怕仅仅是因为别人一段时间没有回复消息，都忍不住纠结是不是自己哪句话说错了。

其实自己也明白，这样真的很累，但就是无法做到不在意。表面也许不动声色，心里却早已天翻地覆，事情的坏结果在心里盘旋着挥之不去，感觉做什么心里都慌慌的，没有安全感。

可你有没有发现，其实那些你所担心的事情啊，大部分都没有发生。你设想过许多无法挽回的坏结局，后来发现其实根本没有那么差。

我一直很喜欢一句话："你所担心的事，99% 都不会发生。"虽然不知道这句话到底有没有根据，但总是能让我在想到它的时候，感觉到莫大的宽慰和鼓励。

是啊，不管是好是坏，总归还没发生，那一味地空想、乱想，无非是影响了当下的生活罢了，没有任何利处。反倒不如坦荡一点，接受最坏的，也期待最好的，这样不管最后结局如何糟糕，都不会让你觉得太难捱。

世间之事，除了生死，都是小事。那些好事坏事，也终究在时光的打磨下变成可有可无的往事，不是吗？

很多让你恐惧的、让你担忧的、让你无法安心的，其实都像一只纸老虎，当你把它戳破了，才发现原来一切不过如此。你的强大，远超乎你想象。

所以，放平心态，相信该来的总会来，该离开的本也就不属于你。得也好，失也罢，一切都是最好的安排。

心态影响成败，性格决定命运

一直觉得，生活就像一面镜子，照出人心里的情绪，也折射了不同的未来。

同样是一件事，有的人只看到麻烦和棘手，而有些人却从中看到了希望和光明。那些遇到困难和挫折只会抱怨的人，只能感受到来自现实的压力和重担，而那些能够迎难而上，不妥协也不放弃的人，反而会被生活温柔以待。

人生就是这样，你越是对它愤怒，它就越会还你尖锐，你越是对它释放善意，幸运就越会眷顾着你。一个人的心态，会在很大程度上影响着一件事的成败，而一个人的性格，会在长久的生活中决定一个人的命运。

你有什么样的心态，就有什么样的人生。每个人的生活状态都不可能像想象中的那么一帆风顺，我们没办法控制经历，也不知道明天和意外哪个先来，但我们可以改变自己的心态。

“得之我幸，失之我命”，并不是消极懈怠，而是永远怀着热忱和希望去面对每一个人、每一件事。

有的人坐拥金山银山却依然不快乐，说白了，比生活状态和物质财富更重要的，是自己的心。人心的幸福是自己浇灌的，生活的苦乐也是可以自己选择的，少一些抱怨，多一些宽慰，少一些计较，多一些感恩。

还记得这句话吗？“心很脆弱，你得学会去哄它，不管遇到多大困难，都要对自己的心说‘一切顺利’。”

任何事都不是绝对的，一切都是最好的安排

成年人的世界，都要逢山开路、遇水搭桥，才能为自己创造出一个想象中的未来。

有些苦难，你以为它是坏的，但当你熬过去了，发现它原来也历练了你。就像那个考入北大的寒门女生，她曾写文赞美贫穷，认为贫穷强韧了她的心智，让她变得更加强大。

你看，其实每件事情都不是绝对的，好坏都有相对之分。但不管怎么说，好事坏事终成往事，是开心也好，是难过也罢，遇到喜欢的人也好，遇到讨厌的人也罢，这都是生命中该经历的，

它们都会教会你一些什么。

那便在拥有的时候好好珍惜，乐观对待当下的每分每秒。也要明白，谁都无可避免地要面对失去，也别一味懊恼怅然，还是得打起精神，继续前行。

受得住多大的磨难，就会登上多高的顶峰，比起永远高高在上的孤独和寒冷，更愿我们的人生保持弹性，立在高处不会焦躁浮华，跌落谷底也不丧失希望。

莎士比亚在《麦克白》中写过这样一句话，愿与你共勉："黑夜无论怎样悠长，白昼总会到来。"

咬咬牙，熬过那些艰难时刻，天总会亮的。

如果事与愿违，请相信一定另有安排

我想你一定也经历过这样的时候：努力了很久却并未得到想要的结果，付出了很多也没有得到期待的回报，甚至走了很长的路，依然看不到前行的方向。

我们都经历过这样的迷茫和无助，在一次次失望中慢慢明白了一个道理——不是所有问题都有答案，不是每个故事都有结尾，不是你爱的人就一定会爱你，不是所有念念不忘都能有回响。

生活并不总是如人所愿，这个世界上没有那么多刚刚好。但我想告诉你，努力不一定会有回报，但努力的过程一定会让你成为更好的自己。

无论得到还是失去，所有的付出都有意义。也许付出和收获并不总是成正比，也许我们终其一生，都只是芸芸众生中普通得不能再普通的一个，可我们还是要为了自己喜欢的、想要的，拼尽全力去争取。失败比遗憾要好上千千万万倍，只有你真的付出过了，在以后回想起来的时候，才会多一分满足，少几分懊悔。

一位读者对我倾诉，说人到中年，上有老下有小，肩上担子重若千斤。他说特别怀念年少时候无忧无虑的日子，觉得现在的烦忧一眼望不到头，每天都不过是重复，每天都活得很累。

我们大部分人都是如此，在当下的时候，总觉得从前或者以后才是好的。可等到当下成了往事，再回头看看，现在的生活何尝不是一段美好。

人生最容易犯的一个错误就是，总把逝去的当作最美的风景。其实不管你现在是20岁、30岁或者40岁，当下才是最该被珍惜的时光。走到生命的任何一个阶段，都该适应并喜欢这一段经历，完成现在的你该做的事。

顺生而行，无须沉迷过去，也别盲目期待未来，安于当下，就是最好的生活。失去的，别太执着，要相信所有事与愿违，都是另有安排。

从前有个国王，最喜欢做两件事，一件是打猎，一件是带着宰相一起微服私访。宰相嘴边总是挂着一句话："一切都是最好的安排。"

有一天，国王在森林狩猎，猎到一只花豹，国王很高兴，急忙下马去检查猎物，却不想花豹使出最后的力气，咬掉了国王的小手指。国王很不开心，叫了宰相来喝酒，宰相却还是笑眯眯地说："一切都是最好的安排。"国王一怒之下，下令将宰相关进了监狱，并说："你无故受这牢狱之灾，难道也是最好的安排？"宰相不气不恼，仍然说："如果是这样，那我依然相信，一切都是最好的安排。”

不久后，国王一个人微服私访，在偏僻的山林中被当地的部落五花大绑地带走，说要在满月之日把他烧死，献给女神。正当国王满心绝望之时，祭司发现国王的手指缺了一截，大惊失色，说他不是个完美的祭品，女神会发怒的。于是，他们把国王放了。

回宫之后，国王召人连忙将宰相放了出来，激动地说：“幸好我的小手指被花豹咬掉了，不然我的命就没了！果然如你所言，一切都是最好的安排。”宰相依然笑眯眯的，一副了然的样子。

国王问他：“可你受了这月余牢狱之灾，又怎么说呢？”宰相说：“如果我不在监狱，那一定是我陪着国王陛下微服私访，如果他们发现您不适合祭祀，那被当作祭品的就一定是我了呀。”

国王哈哈大笑说：“果然如此，一切都是最好的安排。”

人生不如意事十之八九，很多我们当时觉得无法跨过的坎，也许是未来某件事的铺垫，世上之事没有绝对的好坏之分，全看你的心态如何。如果你总是关注那些让你不开心的事情，那么只会让你越来越不幸福。

值得我们在意的不过二三，要学会带着宽慰和感恩去看待发生的每一件事、遇到的每一个人。所有经历，皆有因由，所有事与愿违，都是另有安排。

去年底研究生考试结束的时候，我收到一位读者的留言。

她说走出考场的时候心里难免会有一点遗憾，觉得自己还可以做得再好一点，但回头看看考场，看看身边匆匆而过的人，更多的是满足。无论自己会取得一个什么样的成绩，有一个怎样的未来，都已然努力过，不后悔。

说真的，与其说我们害怕的是付出的辛苦，不如说我们害怕的是拼尽全力最终得来的却只有失望。

在这个世界上，没有白费的时间，没有白走的路。努力也许不一定会有回报，但不努力一定不会有回报，越是憧憬，越要风雨兼程。

每个人都有自己的生活轨迹，有自己的喜怒悲欢，但唯一相同的是，没有谁的生活是容易的。我们都是一边想放弃，一边拼命往前走；一边不想活了，一边努力坚持着。

电影《阳光小美女》中有这样一句台词：“真正的失败者不是那些没有赢的人，而是那些害怕失败而不敢尝试的人。”前行的路并不总是一帆风顺的，越是经历过坎坷磨难的人，才越能够懂得感恩和知足。

你认真付出了，就已经赢得了经验和底气。也许生活中总会有很多艰难的时光，有很多近乎残酷的现实，但我希望你始终记得，努力的意义并不在于得到回报，失败更是人生难得的成长。

人生路上的每一次艰难，都是对未来的铺垫。你的所有付出，都有意义；你所有遇见的、经历的、得到的、失去的，都有意义。在一次次的磨砺中，你终会成长为一个强大且坚韧的自己。

有四句禅语极为有名：

无论你遇见谁，他都是对的人。

无论发生什么事，那都是唯一会发生的事。

不管事情开始于哪个时刻，都是对的时刻。

已经结束的，就已经结束了。

不要活在虚妄的过去，不要为曾经做太多假设，事情发生了，那就无法回头，再去看再去想，没有任何意义。

就算偶尔现实残忍，也要始终学会在这个薄情的世界深情地活着。要知道，你怎样看待生活，生活就会怎样对待你。你的心态，影响你的人生。

不管你正经历着什么，开心或难过，低谷或高峰，都请记住这句话："如果事与愿违，就相信一定另有安排。"

成年人最心酸的三个字

前段时间我看到一条读者留言："我失业了，可我不敢跟家里说，怕影响媳妇和孩子。我在商场里待了好几天了，怕被媳妇撞见，还特意跑到了离家很远的商场……房贷、生活开销、小孩的学费，我都不知道下个月该怎么办……"

隔了一会儿，我又看到了他第二条留言："我其实也没啥事，就是想找个人说说话。"

我突然想起一句话："客户谈判失败，工资减半，孩子两个月纯奶粉喂养，老婆最近总是说腰疼，30 岁的男人没有容易的人生。"

这个留言的男人，多像生活中的你我。明明自己已经被糟心事压到喘不过气了，却最后还要跟对方说一句："我没事。"因为我们知道，想要做一个合格的成年人，就必须戒掉情绪。

人生百态，总有百般滋味，有太多事与愿违，也有太多的心酸无法言说。"世间不如意十之八九，能与人言却无二三。"关上门，家家有本难念的经。说出来，又有什么用呢？

小时候遇到再小的事也得找机会跟大人哭一哭，因为你知道，哭了有人抱，想要的就能得到了。而长大了之后就算天塌下来，也能笑着说出一句“我没事”。因为你认清了这个世界，它是无奈的。你张口而出的抱怨、压抑不住的脾气，除了让爱的人担心，让别有用心的人嘲笑，根本解决不了任何问题，后果还要自己承担，索性就闭嘴了。

曾无比期待做一个成年人，长大后却发现做一个成年人，快乐真的太难了。

作家珍妮特·温特森说：“快乐是一个属于成年人的词。你不必问一个孩子他是否快乐，你能看得出来。成年人谈论快乐是因为他们大多都不快乐。”

小时候，幻想着“诗与远方”，大了才发现，自己写不出诗，更抵达不了远方。

表弟大专毕业，毕业后来到北京，一直没什么稳定工作。前段时间我去看他，发现他挤在一个不到 8 平方米的地下室里，放完了自己的用品，在屋里转个身都费劲。我心疼得眼泪都快下来了，他笑嘻嘻地跟我说：“姐，我没事，我这不挺好的，自己赚钱自己花。”

楼下的张爷爷，快 80 岁了，儿女都在外地，每天他唯一的娱乐，就是搬着板凳在楼前的小花园里晒太阳。很多人劝他说，让他去跟女儿一起住，他总是摇摇头，说跟孩子在一起受限制，还是一个人自在。

姑姑的同事徐阿姨，10年前她的孩子上大学的时候，为了节省点路费，元旦的时候没有回家，去网吧打发时间。结果一伙人在网吧打架，他去拉架却被误伤，抢救无效死亡。后来周围亲朋每每提到谁家抱孙子了，都小心地不让徐阿姨知道，可徐阿姨每次都笑着说："我没事啊，这是好事，我要去看看。"

表弟真的愿意住在那个狭小的地下室里吗？不愿意，可他怕家里人担心，从不跟爸妈说自己的处境；张爷爷是真的不想跟儿女团聚吗？他想啊，可他知道自己无论去谁家，都是给孩子添麻烦；徐阿姨看到别人家的孩子不伤心吗？伤心，可她知道自己除了面对，真的没什么办法。

这世界没有我们看到的那么光鲜，总有不温柔和不公平的时候。生活艰难，时时刻刻充满了无力感。

可又能怎么样呢？成年人用谎言维系的体面，从不是出于自己的虚荣心，而是为了让爱的人心安。这让人觉得感动，但更让人觉得心酸：原来背负上责任的那天起，连当众哭都是一件奢侈的事了。

电影《艋舺》里面说："风往哪个方向吹，草就往哪个方向倒。年轻的时候，我也以为自己是风，可到最后遍体鳞伤，我才知道我们都只是草。"我不喜欢这句话，它太丧了，可又不得不承认，它描述的就是芸芸众生。

成年人最心酸的三个字，莫过于“我没事”。有一项调查表明，一个成年人每周平均会说 14 次“我很好，我没事”，但其实只有 11% 的人是真心的。

一个人在外遇到各种问题，永远只会跟爸妈说一句“我没事，挺好的”；失恋了被人问起，也会“哈哈哈”地笑着打岔说“没事，旧的不去新的不来”；失业了被另一半问起，也会假装什么都没发生，一切如常地生活。

即便是崩溃到尽头，想要摔东西，却发现自己的第一反应，竟然是算性价比。能砸便宜的，就绝不砸贵的，毕竟自己再也不是可以不考虑后果的小孩子了。但其实这世界上，并不是只有你在独自崩溃着，我们都是一边觉得自己是真的再也坚持不下去了，一边努力咬牙坚持着。

因为有爱的人和想保护的人，所以每个人都要承担起自己的负担，吞下生活的一切苦果。也真是因为你的努力，你让自己爱的人，过上了更好的生活。

生活纵然不易，但人间很值得。希望你，抵挡住生活的万难，坚持下去。因为正如电影《当幸福来敲门》中的一句经典台词说的：“没事，一切都会好起来的。”

我们都会好起来的。

当你没钱的时候，你会明白很多道理

前段时间我回老家，跟妈妈聊天，妈妈说：“你还记得之前隔壁的杨阿姨么？上个月查出了癌症，已经晚期了。”

杨阿姨是我们原来的老邻居，印象里她总是和和气气、温婉可亲，感觉身体也一直很健康，谁也没想到癌症这个病会落到她身上。照医生的说法，如果保守治疗，应该可以再多活半年到一年，然而杨阿姨却直接选择了听天由命，放弃治疗。

旁人劝她不要放弃希望，杨阿姨给出的理由就一句话：“没必要浪费钱，反正也治不好。”是啊，治不好了干吗还要治呢？可这样的理由背后，不过是不想给家人增添经济负担罢了。

杨阿姨的大儿子刚订婚不久，交了一套房子的首付，本就负了些外债，女方还要求大摆订婚宴；而她的小儿子还在读大学。这就是一个简单的工薪家庭，平时支撑日常开销尚可，可一旦有什么紧急情况，无异于塌了半边天。

我妈叹了口气，突然说：“要是妈也得了病，可别给妈妈治了，你留着钱自己花。妈这么大岁数了，也没啥后悔的。”我鼻子一酸，故作淡定地问：“那我要是生病呢，咱也不治了？”她却赶紧摆摆手："那可不行，你还小呢，少瞎说，健健康康的哪能得病。呸呸呸。"突然觉得挺心酸的。

再想想杨阿姨，一个人得有多大的勇气，才能云淡风轻地说出放弃治疗、放弃再多活些时日的可能呢？如果可以的话，谁不想陪爱的人久一点呢？可在现实面前，没钱就意味着没选择。

缺一次钱，你才会真正见识到，所谓人生，有多无奈；缺一次钱，你才会真正明白，"有钱真好"和"如果有钱就好了"之间的天差地别。

张爱玲有句话说得特别好："我喜欢钱，因为我没吃过钱的苦，不知道钱的坏处，只知道钱的好处。"人们有时候说钱是万恶之源，说人一有钱就变坏，可讲真的，我见过因为有钱变坏的人还是少数，因为没钱而苦不堪言的，却不计其数。

我大学的时候，班级里有个男生特别优秀，门门成绩拔尖，长得也很俊朗，我们都戏称他为"男神"。然而在某次聚会微醺时，他却掏心窝子说了这样一番话：

"我哪里是什么'男神'呢？你们不知道我有多自卑。家里没钱供我上学，我申请了助学贷款，没有生活费，我只能靠做各种兼职赚钱。

"面对喜欢的女孩儿不敢开口，觉得自己没有资格；生病了不敢去医院查，只能去小诊所开点便宜的药撑着；我一直不敢跟你们出去玩，不是不愿意，是真的没钱。

“为了省钱，我连家都不敢回，来回硬座车票够我一个月的饭钱。我也不敢回去面对身体不好的父亲，每次看见他，我都觉得，我为什么要读这个大学呢？我出去打工不好吗……”

说到一半他已经哽咽，最后号啕大哭。都说男儿有泪不轻弹，只是未到伤心处，那种绝望的感觉，我至今都记得清清楚楚。

缺一次钱，你就会真正见识到这世界的不公平和残忍；缺一次钱，你才会真正明白，有钱意味着有很多种选择，而没钱，只有一条路可走，那就是拼命赚钱。

来人间一趟，除了太阳，还要见各种黑暗不平、雨雪风霜。

这世间有很多我们想不到的苦，尤其是没钱的苦，真的会让人觉得活下去就已是难得。那种小心翼翼、如履薄冰的感觉，让人心力交瘁，却半步都不敢停下来歇一歇。

还记得之前看过一则特别戳心的新闻，说杭州一名患癌男子不愿吸氧，只为多给女儿省几块钱。这位中年男子是一位夜班车司机，从 2015 年起身体开始不舒服，一直拖着没检查，直到承受不住而住院时，已是肝癌晚期。

治疗期间即便呼吸困难，他也不肯用氧气瓶，说自己没事。几个月后他病入膏肓，才向女儿吐露实情：“我希望给你多省几块钱用用。”女儿大哭着说：“可是一小时氧气费才四块钱啊。”

每每想起这个新闻我都忍不住眼眶酸涩。在那位父亲眼中，省四块钱，就能让女儿少四块钱的负担。他已经没法再为最爱的女儿做什么了，只能尽量去省，以期女儿少一点负担。那种绝望、和难过，穷过的人，都懂。

没钱的时候，在商场逛衣服要偷偷翻一下价签，因为让你决定放弃这件衣服的，往往不是不喜欢，而是价格不在承受范围之内；没钱的时候，打车之前都要盘算好久，最后干脆还是带着一身疲累坐公交车返程；没钱的时候，生病了真的不敢去大医院，害怕检查，害怕高昂的医药费让自己捉襟见肘……

缺一次钱，你才会真正明白，没钱在很多时候就意味着没有底气，没有抉择的权利。而我们，都不是可以依偎在父母面前撒娇耍赖的小孩子了。

成年人的世界必须计较利害，你得让自己更好地活着，你得让自己有能力给爱的人一个温暖的家。

我经常都在做梦，和我一样的人也许不在少数：

想要开一家咖啡店、书店、花店，然后安逸地生活。

想要环游全世界，来一场有说走就走的旅行，让自己一直在路上。

想要有一栋小别墅，在花园里造一个小喷泉，每天养养花遛遛狗。

想要给爱的人一个完美的家，想给对方想要的一切，不用为生活奔波。

想要专心做学问，不用理会职场上的尔虞我诈，做最真实的自我。

……

而以上这些“我想要”“我的理想”往往前面都会接一句：“等我有钱了。”

感情也好，生活也罢，“有情饮水饱”注定是不现实的，更何况，当一个人连温饱都无法解决的时候，诗和远方，真的不如当下的煎饼馒头。

我知道钱不是万能的，人也不能“金钱至上”，但有时候不得不承认，你办不到的事情，钱却真的能够办到。

其实说了这么多，就是想激励每一个看到这篇文章的人都努力赚钱、认真积蓄。不是贪财，而是钱能够给你选择权，让你在实现梦想的道路上不用缩手缩脚，也让你无须担心一步错、错一生，更能让你在需要用钱渡过难关的时候，不会再束手无策。

好好赚钱，好好存钱，如此方能对得起自己，也对得起所爱之人，这才是一个成年人，体面而有尊严的样子。

所以，往后余生，一定努力多赚点钱吧，然后愿你，以自己喜欢的方式过一生。

让你变成熟懂事的那几年，一定很辛苦吧

有一年冬天，我在地铁上注意到一个小伙子。他低着头，背着一个鼓鼓囊囊的大包，手里握着一个看起来并不怎么好吃的面包，时不时咬一口，再深深把头低下去。期间还夹杂着长长的呼吸，听得出来带着一点抽泣。

他快下车的时候，抬头看了好几次站牌，我看到他的眼圈果然是红红的。

不知道他经历了什么，但总之，看起来很狼狈、很委屈。看他的样子，应该也就是二十来岁吧。踏入成年人的世界，有很多苦难，是令人没有精力抱怨的，一个人默默哭一会儿，还是要吃饱肚子，继续努力生存下去。

他让我想起了之前看过的一张动图，一个西装革履的年轻人在车上吃东西，眉头紧皱，看起来马上就要哭出来了。他们有相同，也有不同，一如平凡生活里的我们，每天都经历着喜怒悲欢。

我之前看过一句话："哭着吃过饭的人，是能够走下去的。"生活有时候的确挺难的，没有人能一直无忧无虑地活在童话里。与现实的直面较量，拉开序幕就只能迎战，赢了，是成人礼，输

了，就是无底洞。

其实我们都一样吧，变得成熟懂事的那几年，真的很辛苦吧。

刷微博的时候，看到这样一条来自读者的私信：

“我今天一个人去看电影，然后一个人去吃火锅，又一个人去超市买了油盐酱醋，在好几种大米中来回对比，一点都不觉得尴尬。

“以前我是一个很怕孤独的人，如果自己走在路上，就一定会低头划着手机屏幕。其实根本没什么要忙的，但好像这样就可以把孤单藏起来一点点。可也不知道从什么时候开始，我发现一个人挺好的，不用考虑其他人的意见，不用顾及别人的眼光和看法。你说，我是习惯了孤独吗？”

我想，在成长的路上，我们都免不了会遇到这样的情况吧。从前喜欢热闹喧哗，如今更愿意一个人安静地待着。从前喜欢三五成群，一闲下来就想约朋友出去吃饭，而现在呢，在夏天婉拒邀约，回到自己不大不小的房间缩起头发换上宽松的大T恤；在冬天也不想出门，买好食材，自己动手做一份热气腾腾的饭，然后窝在沙发里看一部恋爱剧。

刚认识你的朋友都说你很独立，把生活打理得井井有条，但只有你自己知道，你也曾在不如意不顺心的时候号啕大哭。

睡不着的时候，我也静静想过，这几年的自己似乎变化真的很大。好像也没什么大的变故，但想想走过的那些路，那些默默哭过、苦苦支撑的时刻，嘴角忍不住笑。但不得不承认，当时还真的挺辛苦的。

在那些日子里，既受过伤，又攒过失望，也不止一次经历过那种说出口的话不被人懂的无力感，每一次觉得自己真的要崩溃了，可也终于咬着牙熬过来了。你变得越来越沉稳，也越来越沉默了，你习惯了听别人说你懂事、靠谱。

只是，如果可以，其实你也想做一个娇滴滴的小姑娘吧，从小被宠大的那种，说的话总是带着不谙世事的天真和单纯。

让你变得成熟懂事的那几年，真的很辛苦吧。

不知道你有没有见过坐在路边，头埋在膝盖里小声抽泣的人；不知道你有没有见过眼圈通红，却咬紧牙关不肯让眼泪掉下来的人。在路边哭过的人，以后再看到这个路边，会笑一笑，感谢它接收了自己的负能量；而咬紧牙关的人，会抬头看看天，然后深吸一口气继续去做事。

生活难就难在有很多情绪是没办法发泄的，可是没有谁生下来就是无坚不摧的金刚之身。有时候我们怕的不是困难，而是一眼望不到头的黑暗，还有一眼望到头的人生。

每次想到这个问题，我都会想起一句让我印象特别深刻的话："要得到，你必须付出，你还要学会坚持。如果你真的觉得很难，那你就放弃，但放弃，你就不要抱怨。”

你看，世间之事，都有因果吧。我们用某一些东西换取成长，换取踩过荆棘遍布的丛林的力量，其实中间你随时可以喊停，但你从来都没有。因为你也不甘心让自己的一生就这样过去，所以你才一直坚持着，走到了今天。

人的生活，人的状态，都是自己给的。我们磨砺自己的性格，与自我和解，跨过一个又一个的坎儿，变得越来越成熟懂事、越来越沉稳坚持，这的确很辛苦。但我想，现在的你，其实也会庆幸自己的坚持，不是吗？

我常在后台收到读者留言，说工作不顺心，说日子过得不好，说生活处处都是烦心事，问我该怎么办。其实就一点，与其抱怨生活，不如改变自我，没事早点睡，有空多赚钱。

当你凭借自己的努力达到了新的人生高度，你的眼界、格局都会随之提高，那么现在的烦心事，自然无法影响更优秀的你。

生活从来不会偏袒谁，过得好与不好，其实都是自己决定的。就像知乎上有个问题这样问：“为什么格局大的人，不会有太多烦恼？”下面的高赞回答说：“格局大的人不是没有烦恼，他们只是不会轻易地将时间浪费在不值一提的小事上。”

所以，不要抱怨生活，毕竟“塞翁失马，焉知非福”；心胸放宽，少点纠缠，才能多点精力提升自己。在有限的时间内，尽可能成为更有格局的自己，你的人生才会有更多的可能性。决定你人生的，从来都不是别人，而是你自己。

常自省，常审视自己的言行，努力去做一个大格局的人，方能更靠近自己想要的生活，成为更好的自己。

众生皆苦，唯有自渡。但风雨总会过去，痛苦也会过去，而你的成长不会过去。你所有的坚持和成长，都会留存在你未来的漫长岁月里，如同闪闪发光的萤火虫，站在你前方，为你照亮脚下的路，为你抵御眼前的风霜。

所以，别怕，别迷茫，别焦虑，成熟懂事的你，真的已经很棒了。

未来还很长，所有你想要的、期待的，都还有大把的时间可以去实现，肆意且努力地继续去追寻更好的自己吧。

一天，一月，一年，一生

这两年我总觉得，时间似乎过得越来越快了。早晨起床开启一天的忙碌，凌晨将至躺下疲惫的身躯。想想这一天，忙忙碌碌，却又不知道到底忙了些什么。

有时候是为了吃饭而工作，有时候是为了工作而睡觉，一天一天这样重复着，在相似的轨道上运转着自己的生活，经历喜怒悲欢，感受酸甜苦辣。好像年初才刚过去不久，转眼就已经到了年末。

一天一天，一月一月，一年一年，组成了我们的一辈子。

其实有时候想想，人这一辈子活得真的很不容易。要好好生存，要努力实现梦想，要认真与人相处，还要不断地克服焦虑，与那些作祟的负面情绪抗争。最开始满怀热情，后来也心生疲惫，很多时候宁可一个人安静地待着，也不想再理会对自己没那么重要的人和事。

电影《后会无期》中有句台词，说：“我们听过很多道理，却依然过不好这一生。”时间的脚步很轻，一天 24 个小时总是悄悄溜走，一年 365 天也总在不知不觉间就到了终点。而这一生，我们以为很漫长，其实也就几十年。寒来暑往，四季沧桑，生命来来往往，来日并不方长。

一辈子其实真的很短，短到也许你还没来得及珍惜就失去了，短到你还有很多道理没明白就过去了，短到你还没年轻，就已经只能选择老去了。

人总是容易缅怀过去，给已经发生的事做很多种假设——“假如当初怎么样就好了”。可我们从来到这世间开始，就注定是没有回头路能走的。从生到死，一直往前，是必经的旅途，也是必达的归属。

所以，怀念不如淡然，纠结不如看开。与其抱怨世事不公，不如改变自己，不要在以后的日子里，继续空留遗憾。

年少时，相信世间美好、万物自由，喜欢把“永远”挂在嘴边，好像只要多说几次，所想就会如愿。可如今越发明白，变数太多，世事少有圆满，彩云易散，琉璃易碎，好物不坚牢。

小时候的玩伴，长大后各自背上行囊，天南海北赴远方；一直陪伴的亲人，站在小路那头目送着你，身影越来越小，也越来越模糊；以前坚信的一些道理，不知道会在哪天沉默无声地被瓦解。

天地悠悠，过客匆匆，潮起潮落间，万事万物都会有个期限。

想起之前看到过的一个问题：“同在一座城市，为什么好久不见？”有个回答说：“再见容易，‘再见’难啊。”

谁说不是呢。临别说再见是很容易的，挥挥手、点点头，转过身就是告别了。一句微信留言，或者一条没回的消息，一段关系也就默认终结了。可要是想再次相见，可能要等上几个月、几年，甚至一辈子都没有那个“下次”和“改天”了。

人生的遗憾从未停歇，也从不休止，我们只能尽可能提早明白人生的真相：散场轻易，重逢难得。

所以，如果可以，希望一切还来得及。想见谁，即刻就去拥抱；想去哪里，别等来日再动身；想回家看看，现在就安排好行程。别冷战，别谩骂，别互相伤害；别假装不在乎，别阴阳怪气，别以为来日方长；别把时间浪费在争吵、道歉、责备和后悔上，也别总是想着以后，而放任现在被蹉跎和虚度掉。

一天连一天，一月接一月，一年度一年。对未来最大的敬意，是把一切奉献给眼前的此时此刻。好好珍惜，好好相爱，好好生活。

作家刘震云在《一句顶一万句》中说：“过日子是过以后，不是过以前。”我们都该多对自己讲一讲这句话。有些事既然已经成了昨日往事，就别再让它打扰现在的生活；有些人注定已经成了旧日回忆，也别再念念不忘地纠缠着，伤害本可以过得更好的自己。

人生漫漫，却只短短一世，有些缘分到这里已经散了，就别再强求了。与其总是盯着自己得不到的，不如好好看看眼前拥有的，别等到迟暮之年一切都来不及了，再长叹遗憾和后悔。

世事无常，聚散难料，趁着拥有就好好珍惜，已经失去就学会放手。好好把握当下的日子，好好珍惜拥有的时光，好好感念身边一直陪伴着自己的亲朋好友。不攀比，也不将就，在能力范围内给自己更好的生活；不盲目，也不艳羡，过好自己平凡而幸福的生活，比什么都重要。

一天很短，用拥抱能解决的事，就不要冷战太久了。

一年很短，和想见的人多些重逢，别总是等来日和以后，因为感情真的需要维系。

一生很短，免不了会有遗憾，但我们可以尽自己所能，少留些悔恨。

过去就是过去了，未来也还遥远，最好的时光就是当下，最好的生活就是拥有。去做你想做的事，去见你想见的人。

一呼一吸，一餐一饭，一桥一路，铺好自己生活的轨道，从容且真实地，过每分每秒。

先好好活着，再努力生活

有段时间工作压力很大，我经常会在地库里多待一会儿再回家。此时，手机没信号，微信不会弹出消息，电话也不会响。我在这一小段时间里把烦恼暂时搁下，听听歌也好，坐着发发呆也好。我想可能这也是很多人的解压方式之一。

你也是这样的人吗？也许还不够优秀，但一直在努力；也许没有优渥的家庭条件，但一直在坚持善良；也许生活没有特别富足，但十分懂得知足常乐；也许没有那么完美，但至少够真诚、够真实。

也许没有那么会说话，但一定会把那些对自己好的人放在心里，别人对自己有一分好，恨不得用十分去回报。也许没有那么会为人处事，受了委屈只是找一个安静的地方默默舔舐伤口，不想过多抱怨，只想不负自我，做最真实的自己。

这样的你，这样的我们，放在拥挤的人群中，也许并没有多么出众，但是每一个平凡普通如你我的人，都是这世上独一无二的存在。

有天朋友文文给我发消息说："感觉自己是真的老了，以前熬夜熬一个通宵，白天补一会儿觉就满血复活了，现在睡得再早也还是缓解不了疲劳感。”

我说：“你别把自己当超人啊，天天熬夜、加班加点的，感觉你是不是睡觉都在想工作。”

文文苦笑：“都说拿命换钱不可取，可谁不是拼命地往前走，一路披荆斩棘，才能换来自己想要的。”

我无奈叹了口气，生而为人总是很无奈，太多的人像个陀螺一样忙忙碌碌，被困于生计无法抽身。

我们总是习惯于为了别人着想，为了家庭，为了孩子，为了父母，却总是忘了停下脚步，看看沿途的风景。人生就像一场旅程，坦荡的那条路上也许没有金山银山，也许没有高官厚禄，但一定有一颗爱自己的初心。

成年人的世界里总是有很多突发的事情和情绪，有些困难会在你正开心的时候突然而至，打乱你的计划。有些压力也完全不会在意你手头的事情是否焦头烂额，就悄然堆积心头。压力攒到一定程度时，会觉得自己真的已经坚持不下去了，但是忙着忙着，熬着熬着，日子也就继续过下来了。

其实我们都是一样啊，先撑住，再追寻。

先好好活着，再努力生活。

之前我在网上看过一个问题：“火车硬座和卧铺相差仅一百

元左右，为什么会有那么多人选择硬座？”底下有一个2019年的回答得到了三万多人的点赞，回答者在那个时候21岁，她说：

“我每个月去看病就是一个人坐深夜班（晚上十一点到次日凌晨四点半）的硬座，到站了就天亮了。我一般晚上八九点就会到车站等着，太晚不安全。第二天到站了，我去厕所整理一下，出站大概五点半，这时天微微亮，然后我走去医院。既省了车费，又省了房费，还很安全。

“在没人陪伴的这一路上，你可以看到：深夜才下班的加班人，为了省钱不住宾馆而躺在火车站地上的人，清早就骑着电瓶车上班的人，扫地的环卫工人，还有医院里的许多许多人。

“这个世界上本来就有很多人的时间和舒适，比金钱廉价。”

众生皆苦，有些人光是为了活着就已经拼尽全力了。平凡如你我，谁又没被生活刺痛过呢？回答问题的那个女孩子，今年应该23岁了。在这个时代，有很多在23岁已经靠自己买车买房开公司的年轻人，有很多在23岁已经走遍大半个中国心里装着诗和远方的年轻人，有很多在23岁刚进入社会每天夜里两三点加班结束以后打游戏吃夜宵的年轻人。但是比起事业顺利、大富大贵，我唯一想祝福的，是她已经战胜疾病，从此都会健健康康。

不知道你有没有发现，我们都变得越来越容易焦虑了。在很多人的分享里，世俗定义的成功似乎是一件很容易的事情，那些成功也让我们分外憧憬，可现实却是，大多数的付出就是没办法很快看到结果的。所以我们跌跌撞撞地在这里跑一会儿，在那里跑一会儿，一回头却发现，不知道自己身在何方。

内省一下，关于初心和意义，你有多久没思考过了？

有一次去健身房锻炼，教练跟我分享了发生在他自己身上的一件事。他去医院体检，结果是绝症。

当命运的玩笑开到自己头上的时候，还要什么加班涨薪，要什么前途似锦，唯一的念头就是活下去。他说："那天都不知道自己是怎么回到家的，一整周几乎都没有出门，又恐慌，又懊悔，又不舍，又崩溃，真的说不出心里的滋味。想着如果还有救，哪怕什么都不要了，以后就每天当个乞丐在街上打发时光都是好的。"

第二周去复查，教练换了家医院，发现之前的结果是误诊。在得知自己身体很健康的那一刻，他一个壮汉直接就在医生面前失声痛哭了。从那以后，他戒掉了熬夜，一直到现在依然是每天晚上十点半睡，早上六点半起，规律作息，健康三餐。他说除了健康，真的什么都是浮云。

人要努力，为了梦想打拼无可厚非，但凡事有度，要知道自己真正想要的到底是什么，不要盲目地往前走，更不要一直消耗自己。你要有独立的底气和能力，也要有爱自己的自信和本能，要明白你在为自己努力，所以最重要的一点是：对自己好一点。

身边有很多朋友都是趁年轻不把身体当回事，熬夜、加班都是家常便饭，但往往是在大病一场之后，才终于懂得要好好爱惜自己。有时候想想，倘若真的把自己累垮了，这些拼搏和努力的意义又在哪儿呢?

人总是喜欢压红线，总是觉得虽然有那么多人熬夜猝死，但总不至于轮到我。为了奋斗牺牲健康，为了八卦浪费时间，为了烂事不停纠缠，这是人生最糟糕的三件事，它们在不断地消耗你，而你往往深陷其中却不自知。

一辈子匆匆几十载，要学着善待自己，为自己而活。

我想起有人说，人生最好的三个词莫过于久别重逢、失而复得，还有虚惊一场。而这一辈子最大的财富，其实我们都已经拥有了，就是活着。

好好照顾自己才是头等大事。因为健康的身体和快乐的心情才是美好未来的前提，只有先好好活着，才有资格去努力生活。在拥有的时候，我们往往很容易忽略时间和生命的可贵。但沉淀下来就会发现，只有你好好活着，人生才可以继续出发。

可能小时候我们都期盼着自己长大了会成为与众不同的人，但长大以后就会发现，做好一个普通人，就已经是一件很不容易的事情了。

大多数人都只看你飞得高不高，跟你聊工作、聊薪资、聊未来，可真正在意你的人跟你聊的就是家常便饭，聊你吃得好不好、过得累不累，这些才是长久且重要的事情。所以没必要以他人的样子去标榜自己，你有你的生活，有你热爱的方式。

过去的已经过去了，未来的谁都不知道，我们能做的就是先好好活着，再努力生活。而好好活着的最好方式，其实就是善待自己。

愿你从今天起学着善待自己，既要全力以赴，也要明白量力而行，不一味向前奔跑，要给自己留出喘息的时间和放松的空间。

愿你从今天起学着善待自己，爱而不得的人要早点放下，让你纠结的事要尽早看开，遇到困难的时候学着换个角度，想开、看开、放开。

愿你从今天起学着善待自己，该是你的就握在手里，不是你的也别强求。生活随缘一些没什么不好，命里有时终会有，命中无时莫强求。

愿你从今天起学着善待自己，明白比起大房子更重要的是一家人和乐幸福，要懂得知足感恩，不做金钱的奴隶，也不做感情的傀儡。

余生不为琐事扰，只愿你善待生命、善待自己。

人生不易，最该珍惜的是自己。

一辈子不长，什么最重要

我对一句话颇有感触："我们娴熟于为生活做准备，却并不擅长生活。"

我们每个人都是第一次来到这世间，从懵懂无知到有自己的梦想和追求，为了过上自己想要的日子不断准备着、努力着。可是越长大越发现，现实总是充斥着各种无奈，得到是幸运，得不到才是生活常态。

与世界交手多年，慢慢开始接受一个有些残酷的事实，那就是，很多东西注定永远无法如自己所愿。不过这也不一定就是坏事，人的精力毕竟是有限的，高处不胜寒，有取舍，才更接近幸福。

人活着，活的不是开头，也不是结尾，而是中间的过程。所以，别太傻，更别太执着，学着在这个浮华的世界慢下来，分辨出自己真正需要珍惜的东西吧。

岂能尽如人意，但求无愧我心。

听歌的时候我看到一条热评："2008 年那天，我和她正在视频，突然……那一刻，我永远不会忘记。我让她快跑，她说她家住在7楼，她最后说了三个字：‘我爱你。’我就那样看着她离开了我，我却无能为力……”

谁也无法预料明天和意外哪个先到，只有经历过生死，才明白没有什么比活着更幸运。

“改天一起吃饭”“等我有钱了一定买给你”“下个月我一定去找你”……可是时间从不会为任何人停留，人和人之间的关系其实并不牢靠，因为人本身就是很脆弱的。世事无常，有些人说了“再见”，可能就真的没机会再见了。

很多人、很多事、很多感情，都败给了一个“等”字。等来等去，明日复明日，等来了后悔，等没了健康；等来了遗憾，等没了爱情；等来了下一次的“等”，却也等没了余生更多的可能性。

人总是容易在失去之后才后悔当初没有好好珍惜，可这世上从来都没有后悔药可以买，有些东西一旦失去，就再也回不来了。

我们这一生，其实一直都在不断地得到和失去，在这趟驶向告别的单程列车上，谁也不知道谁会在哪一站下车，和谁在哪个路口分离。我们唯一能做的，就是好好珍惜自己的生命，好好珍惜当下的拥有。

我曾看过这样一条读者留言，他的父亲突患疾病，好在抢救及时，夺回了一条命。当他处理完紧急工作赶到医院的时候，父亲已经睡着了。

他看着病床上的老人，突然觉得心里特别难过。这是个曾经一个人扛一车货都不嫌累的硬汉，是个在自己心里严厉又不苟言笑的男人。他一直觉得父亲是硬朗的，从没想到会有这么一天，亲眼看到父亲的消瘦、脆弱、无助和苍老。他说自己那一刻突然后悔了，后悔这么多年只顾打拼，却忽略了本该最重视、最需要自己照顾的人。

父母在，人生尚有来处；父母去，人生只剩归途。人和人之间，再深再浓的关系，也不过就是一时的缘分，在一切还来得及的时候不好好珍惜，最后只会空留遗憾和永无法弥补的悔恨。

不只是亲情，友情、爱情也是如此。一段好的关系，少不了双方共同的努力，如果总是冷落，甚至是漠视对方，那就成了一把双刃剑，伤了自己，也伤了心里有你的人。

常问问自己：赚钱多少是多？房子多大是大？车子多好是好？你现在执着的，真的是你想要的吗？真的让你感到幸福和快乐了吗？

林语堂说："幸福，一是睡在自家的床上，二是吃父母做的饭菜，三是听爱人给你说情话，四是跟孩子做游戏。"幸福并非拥有一切，而是尽情享受自己所拥有的；幸福不是一种长久的状态，只是一个接一个的瞬间。

与其太执着于一些表象和外在的东西，不如寻求内心的富足，有几个懂你陪你的朋友，有一个宠你爱你的伴侣，还有始终在你身边呵护你、守候你的亲人，这才是幸福的源泉。

所以，就别让爱你的人空等待了吧。趁时光正暖，趁一切刚好，好好珍惜拥有的感情，好好珍惜身边的陪伴。

“生命的意义就在每个当下、每个呼吸和每一步脚下的路。”话虽简单，意义却很深远。

我们处在当下的时刻，和过去告别，和未来相拥，所做的一切都不过是为了让自己过得更舒心，让生活尽可能如自己所愿。

其实“舒心”二字，是一种状态，更是一种态度。无论身处何时何地，懂得珍惜自己的人，才更能够把生活过得精彩和无畏。

珍惜你生命中的每分每秒，懂得取舍，不与烂人烂事纠缠；珍惜你正在吃的每餐每饭，专注生活，不多想，不乱想，吃饭的时候就好好吃饭；珍惜占据你大部分生命的睡眠时间，健康规律的作息，就是对自己最好的照顾。

时刻记得，最重要的时刻就是当下，最重要的人就是你心里最重视的人，最重要的事就是你当下正在做的事。

一辈子，也就匆匆忙忙几十年，真的不长，但我们要在有限的时间里，尽可能少留遗憾，做更好的自己。

做一件事，就专注地去做。爱一个人，就认真地去爱。不辜负自己，也不辜负岁月，如此，便好。

一个人，也能生活得很好

适应孤独，努力成长

有句话是这么说的："我必须承认，生命中的大部分时光是属于孤独的，努力成长是在孤独中可以进行的最好的游戏。"

人生这趟旅途中，注定有很多时刻只能一个人经历，很多路只能一个人走。孤独是人生常态，你总要学着消化掉那些难过的情绪，让自己变得独立坚强。

当你尝试着把孤独的情绪转化为享受独处的时光，在这期间不断积蓄向上的力量，让自己变得充实，变得优于过去的自己，你会发现，没有什么事情比这更酷了。

做最好的自己，才会遇见更好的生活。

拒绝拖延，保持自律

比起玩手机、打游戏、刷微博这些在不知不觉间消耗你时间的事情，坚持一些能够让你变得更自律的习惯，会让生活变得更美好。

找到自己的兴趣，将它变成自己的特长，比如瑜伽、画画、学习某种乐器等。避免三分钟热度，改掉做事只停留在空想阶段的习惯。

不要等事情拖到不得不做的时候再去做，学着规划自己的时间，开始慢慢地整理自己的生活。掌控自己的日常，让一切变得有条不紊。

就像康德所言："自律即自由。"有勇气跳出舒适区，挑战自己的懒惰并且尽可能战胜它的人，才是真正的人生赢家。

你有多自律，就会有多优秀。

不再晚睡，按时吃饭

夜晚适合休息，适合放空，适合听听舒缓的歌曲，适合洗个温暖的澡，适合敷张面膜看会儿书，适合很多安逸的事情。唯独不适合胡思乱想。

改掉吃油腻夜宵的习惯，不要去联系不该联系的人。把时间留给自己，别再晚睡，也别再打扰谁。

比起消耗精力去想一些让自己纠结的人和事，不如好好睡一觉。天一亮，那些在深夜作祟的情绪，往往就消散了大半。

照顾好你顺滑的头发、挑剔的胃和爱笑的眼睛，认真对待你的一日三餐。一生不过三万多天，好好爱自己，比什么都重要。

坚持运动，锻炼身体

我们在人世间行走，所有一切存在的前提，是活着。保护好肉体的神殿，使它尽量免受病痛折磨，这是对自己最起码的珍惜。

运动，是放松身心最好的方式。不管是去公园跑步，还是在家练瑜伽，抑或是每周去几次健身房，都是不错的健身选择。

让思绪放空，专注于当下的一呼一吸、一举一动，给心灵一个放松的空间，也给身体增强抵抗力的时间，一举两得，何乐不为呢？

处在任何一个年龄段，都要做最好的自己，不要太胖，也不要太瘦。保持鲜活向上的状态，从一个有活力的身材和心态开始。

健康是人这一生最大的财富，而我们也必须为之终生努力，从当下开始，坚持运动。

总结过去，珍惜当下，坦荡面对未来

人这一生，注定是无法回头、无法重来的，过往种种，好的坏的，都成了过去式。时光会慢慢地变淡它们带来的影响，而你也不该再频频回头。

旧人旧事，就让它们留在旧日的风景里吧。你要做的，是总结过去的得失，然后大步朝前走。过日子，过的是以后，不是以前。不念过去，不畏将来，珍惜当下，才是最好的状态。

学会舍弃一些早就该放下的东西，比如不会再穿的衣服和鞋子，不会再看的旧报纸，不会再联系的人。没有意义的事，就早点和它们“断舍离”，才能更容易和更好的自己不期而遇。

这个世界有时候的确会让人觉得很累、很辛苦、很压抑，甚至是很绝望，但请你相信，生活一定是有弹性的，别轻易认输，前路尽头，一定有光。

愿你始终做善良的自己，知世故而不世故；愿你可以一直勇敢坚强、自信坦荡，不畏人言，不惧岁月。

任何时候，不管是不是一个人，都愿你好好爱自己、爱生活、爱当下，活成自己喜欢的模样，过上自己想要的生活。

一时的安逸，绝不会带来一世的安宁

听朋友讲过她的一个大学舍友的故事。

大学四年，这位舍友待的最多的地方就是宿舍里自己那张小床。她不去参加社团活动，也不想做兼职赚钱，每天只想在教室和宿舍这两点一线穿梭，吃饭也是顺路买回来，坐在床边吃完继续躺着玩手机。

其他人劝她，趁着大学里时间还算充足，多去做一些感兴趣的事，也能给自己的未来多一些可能性。但她总是说："现在这样就挺好的，我们总要学着接受自己是一个普通人的现实，与其折腾，不如享受。"几次劝说无果，大家也不再管她，各自忙各自的事情了。

转眼到了毕业季，宿舍里除她以外的几个人，有的人是考研成功，有的人是拿到了知名企业的录用通知，还有的人靠自己创业已经小有成就。只有她盲目考研失败，提交的简历石沉大海，偶尔几次想创业但都因为害怕失败而不了了之。直到搬离宿舍了，她还是不知道自己要做什么，能做什么。

朋友说："后来她回了老家，父母托关系找了一个文秘的工作给她。如果她真的只想要平平淡淡地过一辈子，那这样的安排倒也挺好，但她其实想在大城市过那种有品质的生活，所以她总是很焦虑。前阵子跟我聊天，她还问我有没有合适的工作可以推荐一下，但我实在是无能为力。想想她大学那会儿跟我们讲的大道理，挺唏嘘的。”

听朋友说完，我突然想起一句话：“最怕你碌碌无为，还安慰自己平凡可贵。”大多数安慰自己平凡可贵的人，其实并不是真的甘于平凡，只不过是在为自己不想努力、不想上进而找借口罢了。

没有谁能限制谁的人生，如果连你自己都在阻止自己奔向更好的未来，那真的谁也帮不了你。

15 岁觉得学游泳很难，于是放弃了游泳，到 18 岁遇到一个你喜欢的人约你去游泳，你只好说“我不会哎”；18 岁觉得学英语很难，于是放弃了英语，到 28 岁遇到一个很棒但需要会英文的工作，你只好说“我不会哎”。人生前期越嫌麻烦，越懒得学，后来就越可能错过让你心动的人和事，错过新风景。

随着年龄增长，越发觉得，时间真的是最宝贵的东西。如果你热爱时间，它可以让你学习新技能，成为更棒的自己，但更多的人都是在无节制地消耗时光，甚至因此错失很多机会，错过很多人。

你可以选择一时的安逸，但这绝不会为你带来一世的安宁。任何让你变好的事情，比如运动，比如学习，最开始都是没那么容易的，甚至会很难、很累，可这些，才真正能够为你的未来铺路。相比之下，追剧、打游戏、熬夜看小说等，在当下看起来也许是有点惬意的事情，以后想起来其实一点都不酷，它们只会消耗你，甚至拖垮你。

我们都应该明白一点：这世上从来没有突如其来的好运，所有的拥有，其实都是努力的代名词。喜欢平凡安稳的生活这绝没有错，但我希望，这是出于你主动的选择，而不是被生活所迫。

所以，答应自己，别再碌碌无为还硬要说平凡可贵了，从当下开始改变，一切都还来得及。

丰子恺先生在《豁然开朗》中写："你若爱，生活哪里都可爱；你若恨，生活哪里都可恨；你若感恩，处处可感恩；你若成长，事事可成长。不是世界选择了你，而是你选择了这个世界。既然无处可躲，不如傻乐；既然无处可逃，不如喜悦；既然没有净土，不如静心；既然没有如愿，不如释然。"

每每想到这段话，我都会觉得心中一片自在。

都说物随心转，境由心造，烦恼是由心生，喜悦又何尝不是由心生呢？你是什么样的人，就会遇到什么样的人，如果你想让生活中多一些喜乐平安，那首先你就要做一个明事理、懂感恩的人。你说的每一句话、做的每一件事，都会历练你，慢慢改变你，让你朝着更好或者更坏的方向越来越近。

如果和烂人烂事纠缠，那势必自己也会被牵扯其中无法脱身，但如果有选择性地与优秀的人结交，做正能量的事情，那自己也会越来越强大，从而成为更好的自己。

我曾看过一个很有深意的笑话。

有个人发现住在自己后面那栋楼同一层的人家特别邋遢，因为他站在自家的厨房看那家的阳台，窗户玻璃满是灰尘斑点，晾晒的衣服也是脏兮兮的。某天，他的好友来他家里做客，他把好友拉到厨房，谈论那户人家的懒惰，说："我每天光是站在这里看着都觉得影响心情，也不知道他们家人怎么受得了。"

他的好友是个细心的人，感觉有点不太对劲，于是找了块抹布，打开窗户探出手擦了一下，再回来一瞧，哪里是别人家懒惰，分明是自家的窗户不干净。这人看着抹布上的灰，忍不住羞红了脸。

其实我们在生活中也经常会犯这样的错误，习惯以自己的标准去评价他人，或者把自己的认知看得太重，总是急着指责别人，抱怨生活，却忘了先审视自己的内心，先反思自己的言行。

常言道，静坐常思己过，闲谈莫论人非。在成长的道路上，我们要慢慢剔除自己的狭隘之心，少焦虑，少暴躁，少对亲近的人发脾气；同时也要学会不委屈自己，不强求他人，不纠结过往。先爱自己而后爱人，同样地，指责别人之前，要先找一找自己的问题。

弗兰西斯·培根说："欣赏者心中有朝霞、露珠和常年盛开的花朵；漠视者冰结心城，四海枯竭，丛山荒芜。"做个生活的欣赏者，才能看到更多的美和善良，这样的你，才能真正拥有自己想要的生活。

人生就像一台戏，在台上本色出演的是我们自己，在台下编剧导演的也是我们自己。一生仅此一次，一次就是一生，不应该畏首畏尾，而要绽放出光彩，才对得起来这人世一遭。

没有谁能一辈子不做错事，一辈子不看错人，但这都不重要，重要的是你是否在不断地优于过去的自己。所以，不如把那些烂人烂事都丢到一边吧，懒惰和焦虑也都搁置起来，不做无意义的纠缠，要做一个拿得起也放得下的人。

但行好事，莫问前程。只要你在不断前进，那你周围的风景、你遇到的新朋友、你生活的状态，都会随着你成长。

你若盛开，清风自来，你若精彩，天自安排。

做最好的自己，遇见最好的生活。

余生，请活得贵一些

林清玄说过这样一句话："真正的生活品质，是回到自我，清楚衡量自己的能力与条件，在这有限的条件下追求最好的事物与生活。"

一辈子就这么长，不管是工作还是爱情，婚姻还是生活，都该对自己好一点。

让自己活得贵一些，才不负人世一场。

让你的爱情贵一些

如果一个人总是对你的好视而不见，如果你发出的消息总是要很久才能收到对方的回复，如果对方对你的想法毫不在意，那就要告诉自己，不能这样不求回报地付出下去。

付出要有回应，才有意义。

爱是免费的，但一定要记得，它不是廉价的，不可以被无止境地消耗。你是这世上独一无二的你，你应该和一个宠爱你、珍惜你的人在一起。

学着让你的爱情贵一些，不将就，不随意，不讨好，不委屈。

人生海海，爱对了人，才不会被辜负。

让你的善良贵一些

我们都听过农夫与蛇的故事，可有时候还是免不了会被人利用、欺骗，甚至是背叛。其实，每个人这一生都会遇到很多人。人总得学着明白，不是遇到的每一个人都能够懂得感恩和回报。

每个人有每个人的选择，每个人有每个人的性格，我们无法强求他人善良，所以，就要学着让自己的善良带一点锋芒。

不想结交的朋友，就淡然远之；不想理会的请求，就果断拒绝。要学着说不，学着有独立的性格和独立的思想。

善良，不是无底线地付出。帮是情分，不帮是本分，过好自己的生活，才是最重要的。

让你的生活贵一些

每天为了生计奔波，真的已经很累了。在条件允许的范围内，给自己尽可能优质的生活，是对自己的尊重和爱护。

看看自己的衣橱，你会发现，那些超出你承受范围的衣服，你舍不得穿，总是会搁置起来，而那些价廉质低的衣服，其实也没办法满足你的需求。

不必一味求贵，更别费力贪贱，合适的、得体的，就是最好的。生活中的很多事情，都和买衣服一样，少而精，会节省很多时间和精力。

别总是过“打折”的生活，要学着让自己精致一些，把日子过得舒适一些。提升品质，才能享受生活。

让你的气质贵一些

一生不过三万多天，过一天就少一天，与其把时间浪费在无意义的人和事上，不如努力让自己变得更好，提升外在形象，修炼内在气质。

“问题在于读书不多，而想得太多。”多读书，同时坚持一些也许并没有那么容易坚持的事情，比如健身、瑜伽。让自己的身心变得优雅开阔，这要比刷抖音、刷微博、打游戏等等更能够培养人的韧性。

“一个人的气质里，藏着他读过的书、走过的路和爱过的人。”不管到了什么年纪，都要始终保持着自己鲜活的心态。不要做世故麻木的人，少谈八卦，多关照自己的内心，让它变得平和而坦然。

生活有时候的确很辛苦，但能够把生活过得贵一点的人，总能够与幸运不期而遇。

贵，是一种生活态度，也是对自我的重视和坚持。你越努力、越自律，就会越优秀、越美好。

余生，愿你活得贵一些、自在一些、坦然一些、幸福一些。

《人生不过三万天》作者：茶茶

女 / 25 岁 / 常居杭州

在地球 9000 多天

已分享 3000 多篇文章

已写下 200 多万文字

传去 2000 次声音寄语

倾听 200000 多位读者留言

自驾入藏 6 次

足迹达 128 座城市

拍下 50000 多张照片

……

以上数字逐日增加中，

但也许数字明天就不动了。

茶茶的人生三万天如此进行中，

你的呢？

祝你快乐

不止今天

.

.

.

.

.

love

myself

30000

times

.

.

.

.

.